POLYGLOTT on tour

Griechenland

Die Autoren
Claudia Christoffel-Crispin
Gerhard Crispin

Unser E-Book-Code zur elektronischen Erweiterung des POLYGLOTT on tour. Das kostenlose E-Book enthält die im Reiseführer aufgeführten Adressen entlang der Touren, beispielsweise zu Essen und Trinken, Shoppen, Aktivitäten und Hotel-Tipps. Links auf einen externen Kartendienst vereinfachen das Auffinden dieser Adressen.

Mit großer Faltkarte
& 80 Stickern
für die individuelle Planung

www.polyglott.de

6 Typisch

8	Griechenland ist eine Reise wert!
11	Reisebarometer
12	50 Dinge, die Sie …
19	Was steckt dahinter?
159	Meine Entdeckungen
160	Checkliste Griechenland

20 Reiseplanung & Adressen

22	Die Reiseregion im Überblick
23	Klima & Reisezeit
24	Anreise
25	Reisen im Land
27	Sport & Aktivitäten
31	Unterkunft
152	Infos von A–Z
154	Register & Impressum

32 Land & Leute

34	Steckbrief
36	Geschichte im Überblick
37	Natur & Umwelt
38	Kunst & Kultur
43	Feste & Veranstaltungen
44	Essen & Trinken
158	Mini-Dolmetscher

SPECIALS

29	Kinder
42	Musik & Tanz
65	Schmalspurbahnen
89	Olymp

ERSTKLASSIG!

28	Burgfelsen-Besteigungen
31	Hotels mit großartiger Aussicht
40	Die besten Museen des Landes
45	Restaurants mit Tradition
52	Die schönsten Märkte
79	Feine Strände
84	Gratis entdecken

ALLGEMEINE KARTEN

4	Übersichtskarte der Kapitel
34	Die Lage Griechenlands

REGIONEN-KARTEN

50	Rund um Athen
62	Detailplan Delphi
74	Nordgriechenland
96	Peloponnes
118	Paros, Naxos
121	Mikonos
123	Santorin
124	Lesbos
125	Chios
127	Samos
130	Kreta
139	Rhodos
145	Korfu

STADTPLÄNE

54	Athen
83	Thessaloniki

SYMBOLE ALLGEMEIN

 Besondere Tipps der Autoren

 Specials zu besonderen Aktivitäten und Erlebnissen

 Spannende Anekdoten zum Reiseziel

★ Top-Highlights und
★ Highlights der Destination

46 Top-Touren & Sehenswertes

48 Rund um Athen
51 **Tour ①** Delphi und der Golf von Korinth
51 **Tour ②** Ins Piliongebirge
52 **Tour ③** Saronische Inseln
53 Unterwegs rund um Athen

72 Nordgriechenland
74 **Tour ④** Durch Epirus und Makedonien
76 **Tour ⑤** Olymp und Meteoraklöster
76 **Tour ⑥** Chalkidiki
77 Unterwegs in Nordgriechenland

93 Peloponnes
94 **Tour ⑦** Korinth, Mykene und Epidavros
95 **Tour ⑧** Olympia und Arkadien
98 **Tour ⑨** Süden mit Mani und Mistras
99 Unterwegs auf dem Peloponnes

114 Ägäische Inseln
116 **Tour ⑩** Inseln im Kreis
117 Unterwegs auf den Ägäischen Inseln

128 Kreta
129 **Tour ⑪** Kretas Westen
131 **Tour ⑫** Minoische Paläste
132 Unterwegs auf Kreta

136 Rhodos
138 **Tour ⑬** Zur Akropolis von Lindos
138 **Tour ⑭** Entlang der Westküste
140 Unterwegs auf Rhodos

142 Korfu
143 **Tour ⑮** Rund um den Pantokrator
144 **Tour ⑯** Zum Kloster von Paleokastritsa
144 Unterwegs auf Korfu

148 Extra-Touren
149 **Tour ⑰** Klassisches Griechenland für Genießer
150 **Tour ⑱** Zehn Tage Inselglück

TOUR-SYMBOLE		PREIS-SYMBOLE	
① Die POLYGLOTT-Touren		Hotel DZ	Restaurant
⑥ Stationen einer Tour	€	bis 50 EUR	bis 20 EUR
① Hinweis auf 50 Dinge	€€	50 bis 100 EUR	20 bis 30 EUR
[A1] Die Koordinate verweist auf die Platzierung in der Faltkarte	€€€	über 100 EUR	über 30 EUR
[a1] Platzierung Rückseite Faltkarte			

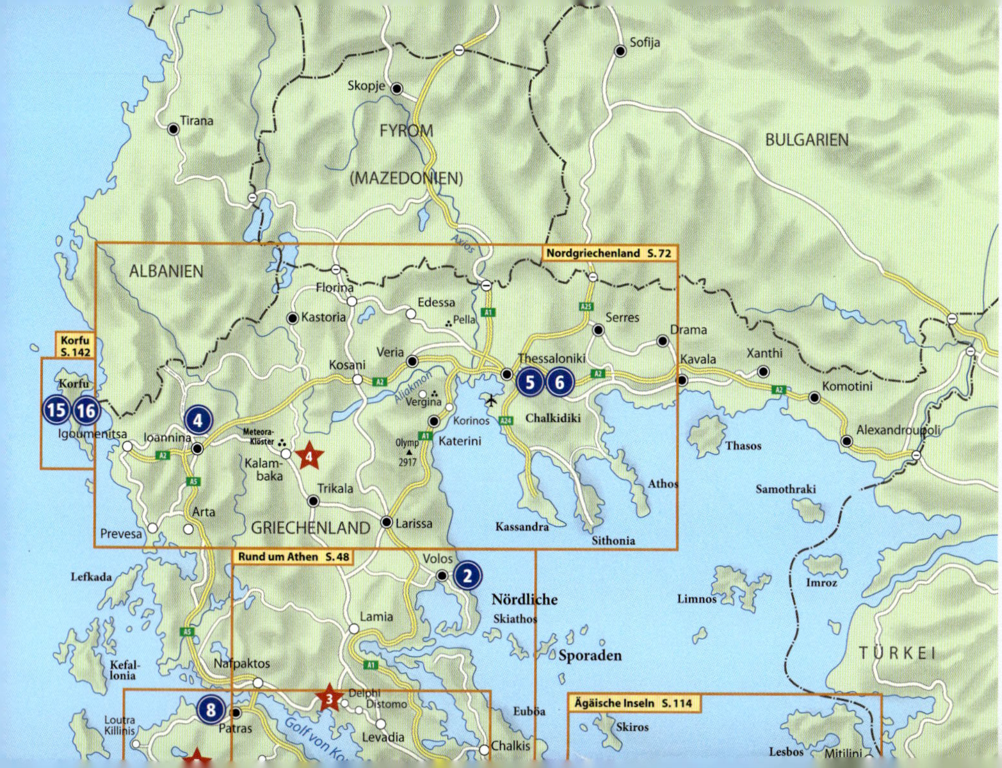

Perfekte Planung
Parallel Klappe vorne links aufschlagen

Touren-Start

Top 12 Highlights

1. Akropolis, Athen › S. 54
2. Archäologisches Nationalmuseum, Athen › S. 58
3. Delphi › S. 62
4. Meteora › S. 91
5. Olympia › S. 101
6. Mykene › S. 106
7. Theater von Epidavros › S. 108
8. Mistras › S. 111
9. Ia, Santorin › S. 122
10. Samaria-Schlucht, Kreta › S. 132
11. Knossos › S. 135
12. Großmeisterpalast,

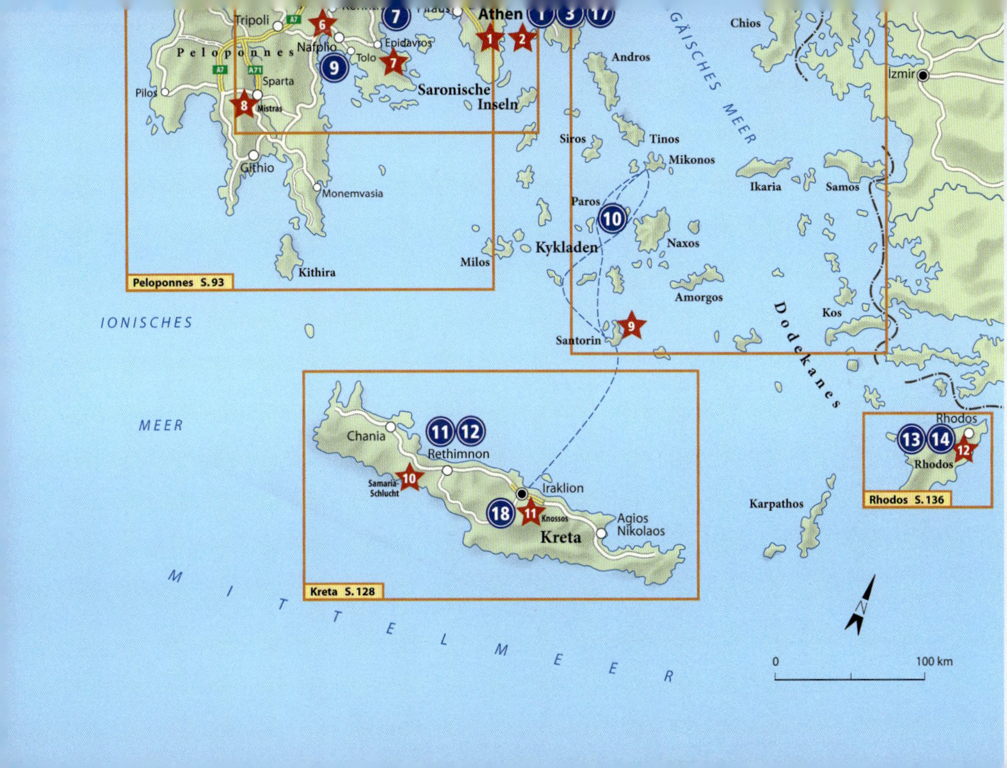

Zeichenerklärung der Karten

- beschriebene Region (Seite=Kapitelanfang)
- 10 E h Sehenswürdigkeiten
- 4 Tourenvorschlag
- Autobahn
- Schnellstraße
- Hauptstraße
- sonstige Straßen
- Fußgängerzone
- Eisenbahn
- Staatsgrenze
- Landesgrenze
- Nationalparkgrenze

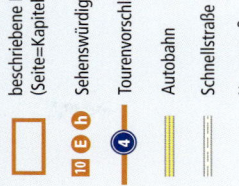

Zauberhafte Buchten erstrecken sich zu Füßen des mittelalterlichen Ortes Kastro auf der Insel Skiathos

TYPISCH

Griechenland ist eine Reise wert!

Sonne, Strand, Sirtaki, all das finden Sie in Griechenland. Dazu die griechische Antike mit Tempeln und Götterstatuen, die byzantinische Epoche mit kunstvollen Kirchen, eine grandiose Landschaft mit traumhaften Küsten und rauen Bergen. Ein Highlight sind die Inseln, zum Verlieben schön.

Die Autoren
Claudia Christoffel-Crispin und **Gerhard Crispin** reisen seit 1982 immer wieder nach Griechenland. Das Land und seine Menschen haben die Politologin und der Journalist durch ihre griechischen Freunde kennengelernt. Da endet mancher Trip erst, wenn keine Straße weiter in die einsamen Berge führt. Oder in einer Taverne am Meer, auf dem Tisch ein Korb mit Brot und unter dem Tisch die Füße im Sand.

Das Abi frisch in der Tasche und im Ohr noch den Lehrerspruch »non scholae, sed vitae discimus« (»nicht für die Schule, für das Leben lernen wir«) … Na dann, Leben, wir kommen, und zwar mit unserer ersten Flugreise überhaupt, die uns nach Griechenland, nach Athen führt.

Eine Stadt voller wild gestikulierender Menschen, hupender Autos in verstopften Straßen, dazu Hitze zum Umfallen – und Smog. Die kleine Kirche neben dem Hotel läutet stündlich die Glocken. Auf dem Sintagma-Platz hängen Zitronen an den Bäumen, unweit davon lockt

Bei Wandertouren auf Kreta bieten sich herrliche Panoramablicke

Griechenland ist eine Reise wert!

Eine Taverne am Meer – für uns immer wieder der schönste Platz.

ein Kafenio, wo man winzige Kaffeetässchen serviert. Ein Großvater mit seinen lauten Enkelkindern, auf einen Stock gestützt. Mit viel Mimik und Gestik hören wir ein »Woher kommt ihr? Ah, Jermania! Wie gefällt euch Griechenland?« Mitten im Chaos ein kleiner Hort der Gelassenheit, eine Geste der Freundlichkeit. Das ist Griechenland.

Diese Oasen in der hektischen Hauptstadt finden sich sogar in der Altstadt Plaka, dörflich anmutende Ecken, eine von Trauben überrankte Pergola, Holztische mit karierten Decken und wackeligen Stühlchen. Der Kellner sitzt schon da, lässt sein *Komboloi* durch die Finger gleiten.

Darüber thront die Akropolis. Der Parthenon ist kaputt, stimmt, aber imposant. Und auch das Erechtheion verblüfft noch immer: Säulen in Form von Mädchen! Bei Nacht ist der Blick auf die angestrahlte Akropolis großartig. Besonders, wenn man in einer Bar auf einer Dachterrasse am Monastiraki sitzt, bei Ouzo und leisem Jazz im Hintergrund.

Von Athen aus lässt sich das ganze Land gut bereisen. Die klassische Route führt über den Kanal von Korinth auf den sagenumwobenen Peloponnes.

Welchen Urlaub man auch bevorzugt, man findet ihn hier. Freunde der griechischen Antike werden in Mykene, Korinth und Epidavros ins Staunen kommen. Das Theater von Epidavros etwa lädt alljährlich im Sommer zu den berühmten Theaterfestspielen ein – vor beeindruckender Kulisse. Wer tags am Strand chillen und abends in der Disco tanzen will, findet in Badeorten wie Tolo sein Plätzchen. Olympia ist ein Ereignis, mit den Tempeln und Säulentrommeln, verteilt über eine kleine Ebene, auf der im Frühjahr die Bäume rosa blühen. Und im Museum zeigt der Hermes des Praxiteles sein Sixpack! So aktuell kann Antike sein.

Es gibt so viele verlockende Ziele, doch wo bitte geht es zum Strand?

Griechenland ist eine Reise wert!

Köstliche souvlakia, die kleinsten sind übrigens die knusprigsten

Wer sich zurückziehen und in völliger Ruhe entspannen will, kann es in der Mani versuchen. Die Gegend ist entlegen, einsam und rau, die Dörfer aus uralten Häusern und Wehrtürmen sind winzig und absolut einzigartig. Mieten Sie einen Turm, fahren Sie mit dem Mietwagen zu einsamen Stränden und tun Sie – nichts, außer Sonne genießen.

Will man von Athen nach Norden, ist ein Stopp in Delphi zu empfehlen. Eine sich wundervoll in die Berghänge schmiegende Anlage erwartet Sie, mit Tempeln und Häusern für die Schätze, die die alten Griechen dem Orakel weihten. Im Mai und Juni sind die Hänge noch grün.

Im Sommer kann es sehr heiß werden, z. B. in der thessalischen Tiefebene. Aber für den Anblick der »im Himmel schwebenden Klöster«, Meteora genannt, nimmt man die Hitze gern in Kauf. Sie ruhen so wunderbar dramatisch auf ihren hohen Felsen …

Wohin geht es jetzt weiter? Nach Westen, in das malerische Städtchen Ioannina mit seinen Moscheen oder nach Osten, wo schon die alten Makedonen ihre Paläste bauten. In Vergina steht man dann staunend vor dem Grab Philipps II., Vater von Alexander dem Großen.

Lange, lange am Strand liegen und einfach nichts tun, dafür haben die Götter in Griechenland die Chalkidiki vorgesehen. Mal mit mehr Touristen, auf der Halbinsel Kassandra, mal etwas individueller auf der Halbinsel Sithonia, oder ganz ohne Touristen – und übrigens auch ohne Frauen – ziehen sich die Strände am Athos entlang. Die Mönchsrepublik ist den männlichen Pilgern unter den Reisenden vorbehalten.

In Thessaloniki ist Griechenland urban, es zeigt sein byzantinisches Erbe in Kirchen und Museen: Ikonen, Goldschmuck, Mosaike. Bummeln Sie auch durch die modernen Boutiquen und schauen Sie beim Weißen Turm auf den Thermäischen Golf, von dem ein frischer Meereswind durch die Stadt zieht.

Land und Leute leiden seit Jahren unter der Finanz- und Wirtschaftskrise (das Wort Krise kommt übrigens aus dem Griechischen: κρίσις). Die schwierige Lage hat sich durch die Flüchtlingsströme noch verschärft. Gelitten hat unter all dem aber nicht die herzliche Gastfreundschaft. So ist Griechenland nach wie vor ein einzigartiges Urlaubsland – und, nicht zuletzt dank der vielen traumhaften Inseln, viel mehr als nur eine Reise wert.

Reisebarometer

Was macht Griechenland so besonders? Seine Inseln, eine Sinfonie in Blau und Weiß. Seine antiken Tempel, die im agilen 21. Jh. beständiger denn je wirken. Und seine Bewohner, die weltoffen und herzlich Geschäftstüchtigkeit mit Gastfreundschaft verbinden.

Beeindruckende Landschaften
Berge, Meer und unzählige Inseln
●●●●●○

Archäologische Stätten und Museen
Imposante Ruinen und Schätze der Vergangenheit
●●●●●●

Gastronomie
Fleisch, Fisch und variantenreiche Vorspeisen
●●●○○○

Spaß und Abwechslung für Kinder
Viel Spaß am Strand, aber für Kids kaum attraktive Museumsangebote
●●●○○○

Shopping
Kitsch und Kunst sind günstig zu haben.
●●●○○○

Inselhopping
Mit der Fähre die Ägäisinseln entdecken
●●●●●●

Sportliche Aktivitäten
Segeln, Tauchen, Surfen: Wassersport wird großgeschrieben.
●●●○○○

Klöster und Ikonen
Seltene Relikte byzantinischer Kultur
●●●●●○

Beachlife
Tolle Strände – und die Sonne scheint zuverlässig
●●●●●●

Preis-Leistungs-Verhältnis
Günstige Preise in Tavernen und Boutiquen
●●●●○○

● = gut   ●●●●●● = übertrifft alle Erwartungen

50 Dinge, die Sie …

Hier wird entdeckt, probiert, gestaunt, Urlaubserinnerungen werden gesammelt und Fettnäpfe clever umgangen. Diese Tipps machen Lust auf mehr und lassen Sie die ganz typischen Seiten erleben. Viel Spaß dabei!

… erleben sollten

(1) Lichtspiele im »Himmelsloch«
Taucher finden vor Paleokastritsa auf Korfu dank vieler Riffe und Höhlen hervorragende Tauchgründe. Also: Taucheranzug und Flossen an und nichts wie rein in Neptuns Reich. Atemberaubende Lichtreflexe erwarten Sie am »Himmelsloch« [A4]. Tauchgänge z. B. mit Korfu Diving (www.korfudiving.com) ab 48 €.

(2) Flug über den Sitz der Götter
Den Olymp, Sitz der griechischen Götter, aus der Vogelperspektive bestaunen: Paragliding als unvergessliches Abenteuer. Olympic Wings [C3] nimmt Sie mit auf die Reise zu Zeus und Co (Neos Panteleimonas, Tel. 0 23 52 04 17 41, www.olympicwings.com, Tandemflug 75 €).

(3) Mit der Tram an den Strand
Zum (Sonnen-)Baden und Schlemmen fährt die Straßenbahn vom Athener Sintagma (Richtung Voula oder Neo Faliro) ans Meer. Der erste Beachstop heißt Edem, genauso wie die Taverne, deren Tische und Stühle im Sand stehen, keine 5 m vom Wasser. Keine halbe Stunde vom Großstadttreiben entfernt kann man hier die Seele baumeln lassen (www.edemrestaurant.gr).

(4) Ritt auf den Wellen Sonne, Wind und Wellen: Surfer lieben Finikoundas [C8] auf dem Peloponnes. Auch Anfänger können bei einem vierstündigen Kurs hier die ersten Versuche wagen (Alpha Watersports, www.finikounda-online.de › Aktivitäten › Surfstation, 70 €).

(5) Kreta in Pastell Mit Pinsel oder Stift kretische Dörfer auf die Leinwand bannen: Katina Kalpakidou bietet in Mixorrouma in der Nähe der Südküste Kretas Malkurse [F9] an (Tel. 0251/3 43 41, www.humanistische-kunsttherapie.de/malzeit-auf-kreta.html, 1 Woche ab 400 €).

(6) Auf die Plätze, fertig, los …
Setzen Sie im antiken Stadion von Olympia › S. 102 zu einem Sprint an! Natürlich genau wie die Athleten vor mehr als 2500 Jahren – in Laufrichtung Zeusaltar!

(7) Picknick in Mistras Der Aufstieg ist schweißtreibend, der Ausblick auf die Ebene von Sparta dafür überwältigend! Packen Sie Picknicksachen ein (genug Wasser!). Bei Schafskäse, Oliven und Fladenbrot genießt man einen herrlichen Blick von der Oberstadt Mistras › S. 111 über die Ruinen des ehemaligen Sitzes des Byzantinischen Reiches.

8 Bühne frei ... Beim jährlichen Sommerfestival sitzen im Herodes-Attikus-Theater › S. 56 in Athen in lauen Sommernächten bis zu 3000 Zuschauer auf den steinernen Sitzreihen, um die berühmten Festspiele vor der einzigartigen Kulisse der Bühnenmauer (2. Jh.) zu verfolgen. Kartenreservierungen/Festspielkasse (www.greekfestival.gr) › S. 28.

9 Auf Griechenlands schönstem Fluss Mit dem Kajak eine Strecke von rund 23 km auf dem Nestos durch eine atemberaubende Naturlandschaft paddeln! Riverland [E2] bietet Schluchten- und Delta-Tagestouren an. Startpunkt ist z. B. in Tochotes; Preis ca. 50 € (Hajistavrou 8, Xanthi, www.riverland.gr).

... probieren sollten

10 Würzige Häppchen Sie sind einfach unwiderstehlich! Die vielfältigen *mezedes*, die zum Ouzo gereicht werden: Teigtäschchen mit Feta, *dolmadakia*, mit Reis gefüllte Weinblätter, oder *piperies florinis*, mit Feta gefüllte Paprika. Probieren Sie sie in der Traditionstaverne Bairaktaris [c3] in Athens Plaka (Mitropoleos 63, www.bairaktaris.gr).

11 Psomi mal anders Frisch gebackenes Brot mit originellen Gewürzen, wie z. B. Kamille, oder ganz deftig mit getrockneten Tomaten und Feta gibt es in Nafplio bei Mesali [D7], einer Bäckerei samt Café in Hafennähe (Bouboulinas 43).

Perfekt! Die Tauchspots vor der Küste Korfus

12 Heißer Käse Beliebt ist der würzige *kefalotiri,* ein salziger Hartkäse aus Ziegen- und Schafsmilch, den man u. a. in der Markthalle von Chania › S. 132 bekommt. Als dicke Scheibe, in Mehl gewendet und anschließend gebraten, wird er als *saganaki* angeboten. Besonders raffiniert übrigens, wenn er dann noch mit Ouzo flambiert wird!

13 Pastitsada Nudeln mit würziger Hackfleischsoße und einer dicken Schicht frisch geriebenem Käse sind ein Leibgericht auf Korfu. Perfekt, wenn das Fleisch mit einer Spur Zimt und Nelke gewürzt wird. Die Taverne Tripas [A4] in Kinopiastes weiß es vorzüglich zuzubereiten.

14 Griechischer Wein Frei nach Udo Jürgens' Hit: »Komm, schenk dir ein ...«, z. B. den roten Rapsani oder einen rassigen Retsina › S. 19 in einer Weinbar in Athen: Cinque › S. 60 bietet neben 30 Weinen von Kreta bis Chalkidiki köstliche Meze mit Wurst, Käse und Oliven.

Kataifi sind eine herrlich süße Verführung

15 Spezialität am Spieß In rustikaler Atmosphäre grillt man in Githio *loukaniko,* mit Orangenschale gewürzte Wurst. Die Taverne Barba Sideris [D8] hat sie auf der Speisekarte (Ermou & I. Ksanthaki, Tel. 0 27 33 02 24 76, www.barbasideris.com).

16 Süße Sünde Im *Zacharoplastio,* der Konditorei, sollten Sie unbedingt *kataifi* probieren: mit Haselnüssen gefüllte Röllchen, kunstvoll umsponnen von Teigfäden und in Sirup eingelegt. Besonders lecker sind sie in Athen bei Chatzis [c3] (Mitropoleos 5, am Sintagma-Platz, www.chatzis.gr).

17 Ein zischendes Vergnügen Bier oder Limonade? Das ist hier die Frage. *Tzizimbirra* ist beides, aber alkoholfrei. Das erfrischende Bierchen mit dem eigenwilligen Zitronen-Ingwer-Geschmack bekommt man (nur) auf Korfu [A4], und das auch nur im Sommer. Denn dieses »Ginger Beer«, einst von den Engländern auf die Insel gebracht, ist gerade wieder total »in«.

18 Himmlische Früchtchen Die weißen, kleinen Assirtiko-Trauben, die vor allem in Attika und auf der Vulkaninsel Santorin so wunderbar gedeihen, sind oft zuckersüß. Besonders leckere Trauben bekommt man auf dem Markt in Nafplio [D7] unterhalb der Festung.

… bestaunen sollten

19 Wie in Stein gemeißelt Der nach einem Vulkanausbruch versteinerte Wald › S. 125 auf Lesbos ist einzigartig. Der rund 20 m lange Stamm eines Mammutbaums ragte einst rund 100 m in den Himmel.

20 Klangwunder Bis zum obersten Rang hinauf können Sie eine Münze hören, die in der runden Orchestra des antiken Theaters von Epidavros › S. 108 auf den Marmorboden fällt. Probieren Sie es aus!

21 One-million-dollar-view Genießen Sie in Thira am Spätnachmittag den Anblick der Sonne, die langsam tief unter Ihnen in der Caldera versinkt › S. 122 – bei einem Aperitif in einer der spektakulär am Kraterrand Santorins gelegenen Bars.

22 Schräger Übergang Wie an Fächern schwebend überspannt die Brücke zwischen Rio und Antirio [C6] den Eingang zum Golf von Korinth auf einer Länge von 2,8 km. Ein Kunstobjekt mit schräg gespannten Seilen, ins blaue Meer gefügt – und an Festtagen illuminiert.

50 Dinge, die Sie ...

23 Traumhafte Aussichten Den Blick über drei Jahrtausende Kulturgeschichte und abends über ein Lichtermeer wie aus Tausendundeiner Nacht genießen Sie von einem der Athener Lokale mit Aussicht, z. B. von den Dachgärten am Monastiraki 360 oder A für Athens › **S. 60**.

24 Mai-Scherz Esel auf Hausdächern? Zu viel Retsina getrunken? Keineswegs: Auf Naxos › **S. 119** ist es ein uralter Brauch, in der Mainacht Esel auf Hausdächer zu hieven und sie am 1. Mai wieder herunterzuholen.

25 Antike trifft Moderne Sowohl die Architektur als auch die Exponate lohnen unbedingt den Besuch im Archäologischen Museum von Patras › **S. 100**. Erstaunlich gut erhalten ist ein Totenschädel, den ein Kranz aus rosa Blüten schmückt.

26 Mönchsrepublik Der Berg Athos mit seiner einzigartigen Klosterwelt ist für Frauen unzugänglich. Gehen Sie auf eine Schiffstour entlang der unverbauten Küste › **S. 87** – und vergessen Sie das Fernglas nicht! So rücken die beeindruckenden Klöster ganz nah vor die Linse. In Sarti (Sithonia) legt das Boot von Sithon Travel ab (Di, Do 10 bis 17.30 Uhr, 25 €, Kinder 12 €, www.sarti.gr › Kreuzfahrten).

27 Bunt und staubig Jedes Jahr am Rosenmontag begeht man in Galaxidi › **S. 62** das Ende des Karnevals und den Beginn der Fastenzeit mit einer Massen-Mehl-Schlacht: Die Bewohner bewerfen sich mit gefärbtem Mehl und wünschen einander Glück.

28 Wasserbaum Ein Wasserhahn, der aus einem Baum »wächst«? In Ano Viannos [G9] auf Kreta ist er zu bewundern. Der Baum diente einst als Stütze für eine Wasserleitung, hat sich diese im Laufe der Jahre jedoch einverleibt. Aus dem Stamm ragt jetzt der Wasserhahn heraus!

29 Gestatten, Petros mein Name Die Windmühlen in Mikonos-Stadt, ein berühmtes Postkartenmotiv, haben ernsthafte Konkurrenz: Petros › **S. 121**, einer von drei Pelikanen, ist längst eine lokale Berühmtheit. Das Inselmaskottchen freut sich auf jedes Fotoshooting. Genau wie seine Artgenossen – einer davon ein Geschenk von Jaqueline Kennedy Onassis!

30 Berührend Eine ganz ungewöhnliche Mariendarstellung birgt das Museum für Byzantinische Kultur in Thessaloniki › **S. 85**: Maria stillt Jesus.

... mit nach Hause nehmen sollten

31 Allrounder Kretischer Bergtee gilt als Allheilmittel. Diktamos-Tee finden Sie z. B. in Rethimno, in dem winzigen Lädchen Agrotiko [F9] in der Odos Souliou.

32 Für Vorausdenker Moderne oder nach antiken Mustern gefertigte Keramik ist ein prima Geschenk für den nächsten Geburtstag. Auf Rhodos ist Archangelos [K7] berühmt für seine erlesenen Töpferarbeiten. Schauen Sie sich um!

③③ **Der Duft des Urlaubs** *Meli*, Honig, gibt es als *meli antheon*, Blütenhonig, *meli dhasu*, Waldhonig, *meli pefkothimaro*, von Kiefern und Thymian. Eine tolle Auswahl bietet das Bienenmuseum [K7] auf Rhodos (Bee Museum, Pastida, www.mel.gr).

③④ **Harte Kringel** In den Bäckereien verströmen *koulourakia* ihren süßen Duft, Gebäck aus Mürbeteig, mit Sesam, Kakao oder köstlichen Orangenessenzen verfeinert. Die Kringel sind lange haltbar und lassen sich daheim zum Frühstück genießen. Besonders köstliche gibt es bei Terkenlis [b2] in Thessaloniki (Aristotelous 4, www.terkenlis.gr).

③⑤ **Lederwaren von Meisterhand** Das Angebot an Handtaschen und Rucksäcken ist verlockend, echte Wertarbeit bekommt man in Chania bei Tsakiris [E/F9] (Makris Tichos, www.tsakiris-sandals.gr).

③⑥ **Design aus dem 6. Jh. v. Chr.** Im Shop des Athener Akropolismuseums › S. 56 gibt es z. B. Glücksbringer mit dem geflügelten Liebesgott Eros.

③⑦ **Holz-Art** Wunderschöne Schalen aus Olivenholz und auch witzige Objekte (wie einen Halter für Weinflaschen) aus dem attraktiven Naturmaterial finden Sie auf Korfu bei The Art of Olivewood [A4] in Perithia (www.olive-wood.gr).

③⑧ **Schönheit aus der Natur** Aus Mastix, dem weißen Harz, das (nur!) auf Chios gewonnen wird, werden erlesene Pflegeprodukte kreiert. Erhältlich z. B. im Mastiha-Shop in der Od. Kriezotou 6, in Athen [d2] (www.mastihashop.com).

③⑨ **Für den Kaffeegenuss** Griechischer Kaffee gelingt auch daheim – mit dem passenden Equipment: Ein dekoratives Kaffeekännchen mit langem Stiel *(briki)* finden Sie in Haushaltsläden oder auf Märkten wie dem in Iraklions Marktgasse Odos 1866 › S. 134.

④⓪ **Geschenk der Götter** Olivenöl gehört zu den Premiumprodukten des Landes. Berühmt ist Öl aus Kreta, das man stilecht auf der zauberhaften Cretan Olive Oil Farm [G9] nahe Agios Nikolaos kaufen kann (Tel. 0 28 41 02 41 39, www.cretan oliveoilfarm.gr).

Ellinikos kafes – so gelingt er definitiv!

... bleiben lassen sollten

㊶ **Ungesichert fahren** Autofahrer sollten sich angurten, Motorradfahrer einen Helm aufsetzen. Auch wenn Schutzkleidung Sie in der Hitze stören sollte, denn es gibt immer wieder Unfälle.

㊷ **Fotos von militärischen Anlagen machen** Beim Militär reagiert der griechische Staat sensibel: Fotografen, die militärische Einrichtungen aufnehmen, drohen Festnahme und Gefängnis.

Ikonen sollte man besser im Spezialgeschäft erwerben

㊸ **Alte Ikonen kaufen** Ikonen dürfen Sie nur mitnehmen, wenn die handgemalten Werke jünger als 100 Jahre sind. Den Nachweis gibt es beim Händler.

㊹ **»Mazedonien« sagen** Nennen Sie das nördliche Nachbarland bitte FYROM (Former Yougoslav Republic of Macedonia, dt.: Ehemalige jugoslawische Republik Mazedonien). Seit Jahrzehnten schwelt der Namensstreit, denn der größte Teil des antiken Mazedonien liegt im heutigen Griechenland.

㊺ **Unachtsam sein** In der Athener Metro sollten Sie auf Ihre Wertgegenstände achten: Taschendiebe nutzen die Enge aus und stehlen Geldbeutel, Handys etc.

㊻ **Nackte Haut zeigen** Aus Gründen individuell verschiedener Schamgrenzen sind FKK und »oben ohne« verpönt.

㊼ **Getrennt zahlen** Griechen begleichen immer nur eine Rechnung für die ganze Tischgesellschaft. Danach kann man die Summe immer noch unter sich aufteilen.

㊽ **Wasser verschwenden** Griechenland leidet unter trockenen, heißen Sommern. Viele Inseln müssen vom Festland aus mit Trinkwasser versorgt werden. Helfen Sie mit, Wasser zu sparen.

㊾ **Feuer entfachen** Die Gefahr von Waldbränden ist zeitweise so groß, dass selbst achtlos weggeworfene Glasflaschen durch die starke Sonneneinstrahlung Flammen erzeugen können. Zigarettenkippen bitte immer austreten.

㊿ **Steine mitnehmen** Nehmen Sie nichts mit, was auch nur entfernt antik sein könnte. Die Ausfuhr antiker Relikte ist verständlicherweise strengstens verboten.

Die Reisewelt von POLYGLOTT

Mit POLYGLOTT ganz entspannt auf Reisen gehen.
Denn bei 150 Titeln ist der richtige Begleiter sicher dabei.

POLYGLOTT on tour
Der traditionsreiche Reiseführer mit einzigartigem Tourenkonzept für entspanntes und facettenreiches Reisen

INKLUSIVE GRATIS NAVI-E-BOOK
mit allen Adressen zu Essen, Trinken, Shoppen, Hotels und Aktivitäten

POLYGLOTT zu Fuß entdecken
Die schönsten Metropolen zu Fuß und mittendrin entdecken

POLYGLOTT auf Reisen
Sehnsuchtsziele echt erleben – mit ausgiebigen Touren, beeindruckenden Bildern und opulentem Magazinteil

Geführte Tour gefällig?
Wie wäre es mit einer spannenden Stadtrundfahrt, einer auf Ihre Wünsche abgestimmten Führung, Tickets für Sehenswürdigkeiten ohne Warteschlange oder einem Flughafentransfer? Buchen Sie auf www.polyglott.de/tourbuchung mit rent-a-guide bei einem der deutschsprachigen Guides und Anbieter weltweit vor Ort.

www.polyglott.de

Was steckt dahinter?

Die kleinen Geheimnisse sind oftmals die spannendsten. Wir erzählen die Geschichten hinter den Kulissen und lüften für Sie den Vorhang.

Soll man oder soll man nicht – »Eulen nach Athen tragen«?

Sie ist allgegenwärtig und auch auf der Rückseite der griechischen 1-Euro-Münze zu sehen: die Eule. Doch wofür steht sie? Pallas Athene, Göttin der Weisheit und der Kunst, wachte einst über das antike Athen. Ihr wichtigstes Symbol war die für ihre Klugheit geachtete Eule. Und so zierte die Eule seit Ende des 6. Jhs. v. Chr. die Rückseite der athenischen Münzen, die man in der Folge schlicht Eulen nannte! Davon besaß das reiche Athen derart viele, dass die Bürger zeitweise keine Steuern zu entrichten hatten. Eulen nach Athen tragen? Das wäre damals vollkommen unsinnig gewesen! Was für ein Privileg – davon kann Athens Staatsführung angesichts der Finanzkrise heute nur träumen, ist man doch mehr denn je darauf angewiesen, dass reichlich »Eulen« nach Athen getragen werden.

Was symbolisiert die griechische Flagge?

Neun horizontale Streifen in Blau und Weiß kennzeichnen die griechische Nationalflagge. Links oben sieht man ein weißes Kreuz auf blauem Grund. Inhaltlich verweist die Flagge auf die Themen: Weisheit Gottes, Freiheit und das Land. Die Farbe Blau symbolisiert Meer und Himmel, das Weiß steht für den Unabhängigkeitskampf, das Kreuz für das Christentum. Die neun Streifen versinnbildlichen das aus neun Buchstaben bestehende griechische Wort für Freiheit: ελευθερία.

Was ist Retsina?

Retsina heißt der griechische Weißwein, der mal mehr, mal weniger intensiv nach Harz schmeckt. Seinen speziellen Geschmack erhält er durch das Kiefernharz, oft das der Aleppo-Kiefer. Es muss dem Wein zugefügt werden, während er gärt. In der Antike wurden die Amphoren mit dem Harz verschlossen, damit der Wein luftdicht lagern konnte. Probieren Sie den Tropfen gut gekühlt zu knusprigem *souvlaki*.

Woher stammt der Name Ägäis?

Aigeus hieß einst ein mythischer König Athens. Eines Tages segelte Theseus, sein Sohn, nach Kreta, um dort Athen von den blutigen Tributzahlungen zu befreien. Denn alle neun Jahre hatte Athen sieben Jungfrauen und Jünglinge zu opfern. Theseus vergaß jedoch bei seiner Rückkehr, die weißen Segel zu setzen als Zeichen dafür, dass er die Reise überlebt hatte. Als Aigeus die schwarzen Segel erblickte (als Zeichen für den Tod seines Sohnes), stürzte er sich vor Gram und Kummer von einem Felsen ins Meer, das seither seinen Namen trägt.

Zu Füßen der Akropolis erstrecken sich die Plaka, die Altstadt von Athen, und der Monastiraki-Platz

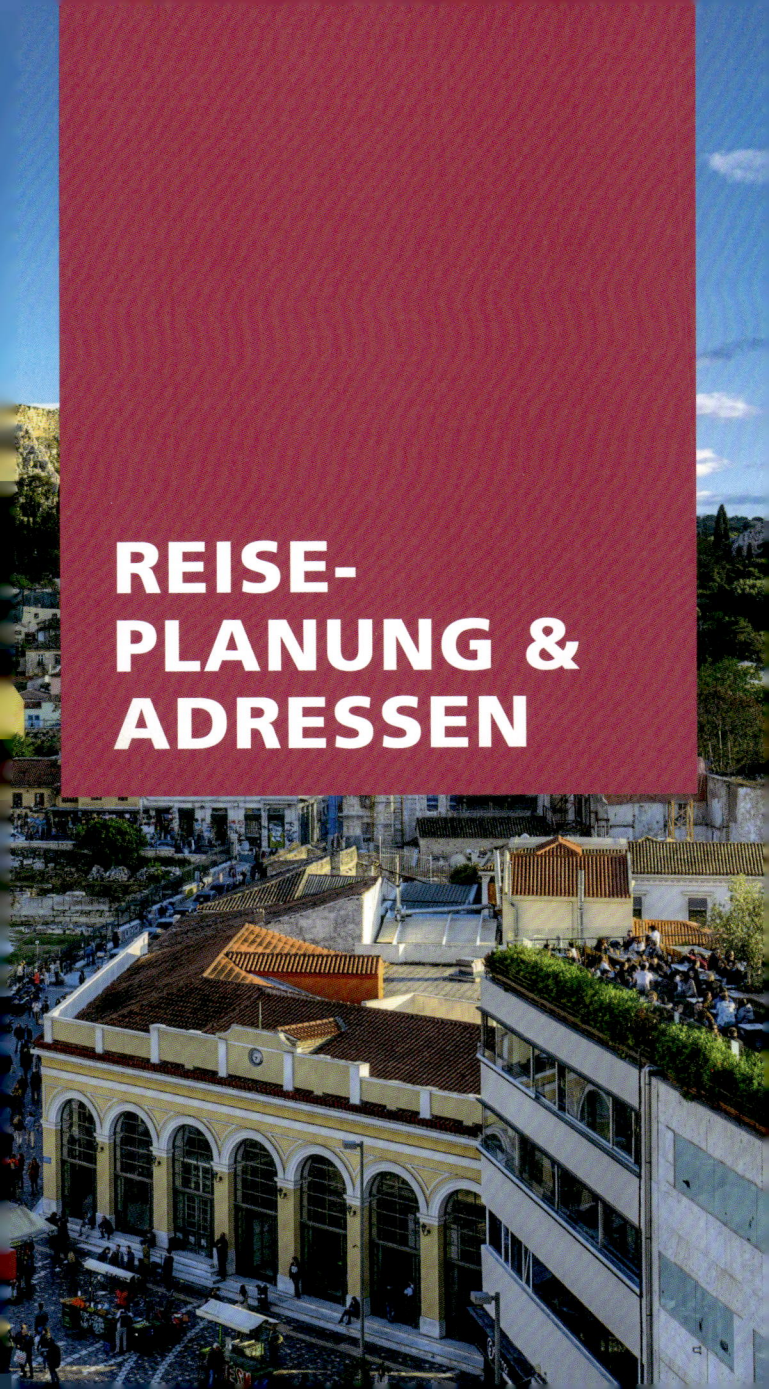

REISE-PLANUNG & ADRESSEN

Die Reiseregion im Überblick

Seine Beliebtheit verdankt Griechenland dem sonnigen Klima, traumhaften Stränden, küstennahen Bergen und antiken Kulturschätzen.

Unverwechselbar ist die grandiose Mischung aus antiker Kunst und byzantinischer Kultur. Einmalig machen es auch seine Bewohner: Selbstbewusst und gelassen verbringen die Griechen ihre Sommer mit den Gästen.

Akropolis, Agora, Archäologisches Nationalmuseum – die Kulturschätze von **Athen** ziehen Menschen aus aller Welt an. Doch die griechische Hauptstadt ist mehr: Sie hat sich zu einer modernen Metropole entwickelt, besitzt ein attraktives Umland mit Ausflugszielen wie Kap Sounion oder Dafni. In den nahen Parnassos-Bergen lockt die unvergleichliche Orakelstätte von Delphi, einer der Höhepunkte jeder Griechenlandreise.

Nordgriechenland lädt zum Bergsteigen ein – im Epirus mit seinen zerklüfteten Schluchten und im Pindosgebirge. Makedonien ist mit Thessaloniki, Kastoria und Athos reich an byzantinischer Kunst. Seine Strände locken Hunderttausende auf die Halbinsel Chalkidiki. Am Rand der thessalischen Tiefebene erheben sich spektakulär die Meteoraklöster.

Der Kanal von Korinth trennt den **Peloponnes** vom Festland. Hohe Gebirge prägen das Landesinnere. In den zur Küste abfallenden Landstreifen wachsen Oliven, Orangen und Zitronen. In dieser harmonischen Landschaft findet der klassische Griechenlandreisende seinen Traum: den Heiligen Hain von Olympia, das antike Theater von Epidavros, in Mykene kann er auf Schliemanns Spuren wandeln. Wer lieber am Strand liegt, der kommt an der Westküste auf seine Kosten.

Von den **Ägäischen Inseln** sind die Kykladen die strahlendsten, Santorin, Paros und Mikonos die Stars. Naxos ist etwas weniger über-

---

Daran gedacht?

Einfach abhaken und entspannt abreisen

- [ ] Reisepass / Personalausweis
- [ ] Flug- / Bahntickets
- [ ] Kreditkarte einstecken (ggf. mit PIN/nicht zusammen!)
- [ ] Führerschein (Leihwagen)
- [ ] Wander- / Straßenkarten
- [ ] Wörterbuch einstecken
- [ ] Medikamente einpacken
- [ ] Ladegeräte
- [ ] Taucherbrille / Wanderschuhe
- [ ] Sitter für Pflanzen und Tiere organisiert
- [ ] Zeitungsabo umleiten / abbestellen
- [ ] Postvertretung organisiert
- [ ] Hauptwasserhahn abdrehen
- [ ] Fenster zumachen
- [ ] Nicht den AB besprechen »Wir sind für zwei Wochen nicht da«

Gilt als schönster Strand der Insel Rhodos: Tsambika

laufen. Die Nordostägäis mit den Inseln Samos, Lesbos und Chios zählt zu den eher unbekannten Schönheiten. Dort ist Wandern noch ein Erlebnis, findet man stille Bergdörfer. Und baden kann man natürlich auch.

Kreta, die südlichste griechische Insel, bildet fast schon eine Welt für sich. So reich an Mythen und Geschichten ist kein anderer Teil Griechenlands. Die Wiege Europas bietet mit Knossos Kultur pur, in den Bergen fühlen sich Wanderer und Mountainbiker zu Hause, die Strände zählen zu den schönsten des Landes.

Nach **Rhodos** kommen die meisten Gäste zur Erholung. Dabei verpassen die Nur-Sonnenanbeter viel: vom prächtigen Erbe der Johanniterritter bis zur malerisch gelegenen Akropolis von Lindos. Ein weiterer Grund, von einem der Strände aufzubrechen, sind die ruhigen, malerischen Bergdörfer.

Selbst für die Griechen ist **Korfu** eine besondere Insel. Sie schätzen das italienische Flair ebenso wie die britischen und französischen Einflüsse. Korfu-Stadt vereinigt dieses Erbe zu einem zauberhaften Ensemble, ist eine Stadt wie geschaffen zum Entspannen. Dazu kommen lange Sandstrände; an der Nordküste gibt es zudem großartige Surfreviere.

Klima & Reisezeit

In Griechenland herrscht mediterranes Klima. Die Sommer von Juni bis September sind trocken und heiß, die Winter von November bis Februar in vielen Regionen des Landes eher regnerisch, aber meist mild.

Im Norden wird es nicht ganz so heiß, und es regnet auch mal. Hier dauert es etwas länger, bis das Meer Badetemperatur erreicht. In Süd- und Zentralgriechenland hingegen kann das Thermometer im Juli und August bis auf

45 °C klettern. In der Ägäis sorgt der stürmische Nordwind Meltemi im Hochsommer für frischen Wind. Auf den Ägäischen Inseln wird im Sommer regelmäßig das Wasser knapp. In den Wintermonaten fällt in den Gebirgen des Nordens Schnee, am Parnass im Pindosgebirge gibt es 24 km nordwestlich von Arachova sogar ein ganz respektables Skigebiet. Nach Süden hin werden die Winter milder, Schnee ist in der Ägäis – abgesehen von den kretischen Bergen – äußerst selten. Aber im Winter und im Frühjahr weht manchmal der Scirocco, ein wenig beliebter warmer Südwind, der Sand mit sich tragen kann.

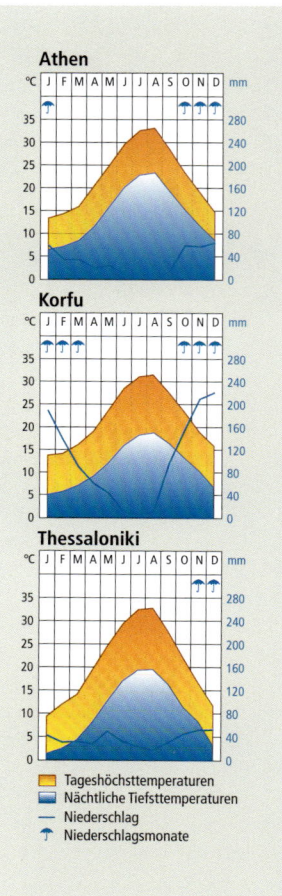

Anreise

Mit dem Flugzeug

Per Linie oder Charter sind rund 20 griechische Flughäfen aus dem Ausland direkt zu erreichen. Neben Linienflügen (z. B. von Aegean Airlines, www.aegeanair.com) erlauben auch die meisten Charterflüge das ganze Jahr hindurch eine Kombination unterschiedlicher Start- und Zielorte.

SEITENBLICK

Urlaubslektüre

Wer die Griechen besser verstehen möchte, dem seien die Krimis von Petros Markaris (z. B. »Zurück auf Start«) empfohlen. Sein Kommissar Charitos löst nicht nur verzwickte Mordfälle, sondern nimmt den Leser mit in den griechischen Alltag. Beobachtungen zwischen Kafenion, Kiosk und Krise beschreibt Ursula Spindler-Niros in »Mein Blick auf Griechenland«. Humorvolle Einblicke ins griechische Familienleben liefert Stella Bettermann in »Ich trink Ouzo, was trinkst du so?«

Reisen im Land

Zwischen dem Athener Flughafen Eleftherios Venizelos (www.aia.gr) bei Spata und dem Sintagma-Platz im Zentrum Athens sowie dem Fährhafen von Piräus pendeln Tag und Nacht Busse (Fahrtzeit etwa 1 Std.). Der Flughafen ist zudem an das Metronetz angeschlossen (Monastiraki, Omonia). Der Taxipreis ins Zentrum oder nach Piräus liegt bei 40 bis 50 €. Auch der Flughafen von Thessaloniki ist ans öffentliche Busnetz angeschlossen.

Mit dem Bus kommt man gut ins Zentrum

Mit der Fähre

Die Fähren von Italien nach Griechenland starten in Venedig, Ancona, Brindisi und Bari. Das Ziel für Nordgriechenland ist Igoumenitsa (Reisezeit mindestens 15 Std.), für den Peloponnes und Zentralgriechenland empfiehlt sich Patras (ab 19 Std.). In der Zwischensaison reisen zwei Personen in der Zweibettkabine inkl. Pkw hin und zurück für ca. 700 €. In der Hauptsaison ist die Fahrt bis zu 40 % teurer. Camping an Bord mit dem Wohnmobil ist bei vielen Reedereien möglich. Die wichtigsten:
- **Agoudimos Lines:** www.agoudimos-lines.com
- **Anek Lines:** www.anek.gr
- **Superfast Ferries:** www.superfast.com
- **Minoan Lines:** www.minoan.gr/de
- **Ventouris Ferries:** www.ventouris.gr
- Gute **Fährwebsites** sind: www.greekferries.gr, www.goferry.de
- Ein spezialisiertes Reisebüro ist **TDS München:** Tel. 089/2 60 94 18, www.tdsreisen.de

Reisen im Land

Mit dem Flugzeug

Auf zeitraubenden Strecken wie Athen–Rhodos, Athen–Kreta oder Athen–Kastoria lohnt es sich, mit dem Flugzeug zu reisen. Die Inlandsflüge sind nämlich recht preiswert, allerdings oft verspätet. Die Tickets sollte man nach Möglichkeit frühzeitig, am besten schon zu Hause kaufen, denn stark frequentierte Strecken sind oft ausgebucht.
- **Aegean Airlines:** Tel. 0030/21 06 26 10 00 (vom Handy und aus dem Ausland); Tel. 80 11 12 00 00 (aus dem griechischen Festnetz); www.aegeanair.com.

Reisen im Land

Mit dem Bus

Mit den grün-weißen KTEL-Bussen (www.ktelbus.com) erreicht man preisgünstig fast jedes Dorf und bekommt schnell Kontakt zu Griechen. Die Abfahrtszeiten erfährt man in Busbahnhöfen, Touristenbüros oder am Kiosk.

Bei Ausflügen in abgelegenere Orte ist es ratsam, sich vorher nach der Rückfahrt zu erkundigen. Fahrkarten sind vor der Abfahrt im Busbahnhof erhältlich, bei kürzeren Strecken zahlt man im Bus.

Mit dem Taxi

Die kostengünstige Alternative zum Mietwagen ist die Kombination Bus/Taxi. Der Fahrpreis für längere Strecken ist Verhandlungssache. Auf dem Land heißen die Taxis *Agoreon*.

Mit dem Schiff

Per Fähre, Highspeed oder Flying Dolphin erreicht man ab Piräus fast alle Inseln (die Überfahrt nach Kreta dauert mit der Fähre ca. 11 Std.). In den Sommermonaten verkehren überwiegend die schnelleren, aber auch wesentlich teureren Highspeeds. Der Fahrpreis beinhaltet einen festen Sitzplatz, ein Aufenthalt an Deck ist während der Fahrt aber nicht möglich.

Während die Schiffe in Piräus pünktlich ablegen, kommt es zwischen den Inseln oft zu Verspätungen. Fahrpläne sind bei der Griechischen Zentrale für Fremdenverkehr › **S. 152** erhältlich, im Internet unter www.gtp.gr, www.greek-islands-ferries.gr und www.greekferries.gr sowie in Reisebüros vor Ort.

Mit dem Auto

In Griechenland herrschen folgende Tempolimits: auf der Autobahn 100 bis 130 km/h, auf Landstraßen 90 km/h, in der Stadt 50 km/h. Gelbe Linien an den Straßenrändern bedeuten Parkverbot. Nur auf drei Fernstrecken, die autobahnähnlich ausgebaut sind und auch Gebühren fordern, muss man mit dichtem Verkehr rechnen: den Strecken Athen–Thessaloniki, Igoumenitsa–Larissa und Athen–Patras. Straßennamen stehen auf den Schildern meist in griechischer und lateinischer Schrift.

Wer mit dem eigenen Fahrzeug anreist, sollte auf jeden Fall die grüne Versicherungskarte mitnehmen. Ein Feuerlöscher ist Pflicht. Für Auto- bzw. Motorradfahrer besteht generell Gurt- bzw. Helmpflicht,

Im Fährhafen von Piräus

was von den Griechen allerdings oft ignoriert wird. Das sollte Urlauber keinesfalls dazu verleiten, ebenfalls ohne Helm bzw. Gurt zu fahren, zumal die Strafen für derartige Verstöße gesalzen sind.

Kaum jemand in Griechenland hält sich an Tempolimits. Die Unfallhäufigkeit mit Todesfolge ist fast dreimal so hoch wie in Deutschland. Die Bußgelder bei Verkehrsverstößen sind z. T. drastisch.

Sport & Aktivitäten

Aktivurlauber kommen in Griechenland auf ihre Kosten, besonders vielfältig ist das Wassersportangebot. Doch es gibt noch mehr spannende Optionen – von Wandern über Mountainbiken bis zum Griechischkurs.

Wassersport

Breite Sandstrände gibt es an der Westküste des Peloponnes, im Osten am Olymp und auf der Chalkidiki. Ein Paradies für Schnorchler sind die felsigen Küstenabschnitte. Griechenlands Unterwasserwelt gehört zu den attraktivsten Tauchrevieren des Mittelmeers. Beliebt bei Sporttauchern sind die Küsten des Peloponnes, der Ionischen Inseln, der Chalkidiki und Kretas. Auskünfte über offizielle Tauchbasen erhalten Sie beim
Verband Deutscher Sporttaucher
• Berliner Str. 312 | 63067 Offenbach
Tel. 069/9 81 90 25 | www.vdst.de

Griechenland ist auch ein sehr gutes Segelrevier. Informationen zu Marinas und Bootsverleihern gibt es unter www.greek-marinas.gr, www.epest.gr und www.hyba.gr.

Wandern und Radfahren

Wie wäre es mit der Besteigung des Olymp › S. 89, des sagenumwobenen Götterbergs, einer Durchquerung der Vikos-Schlucht › S. 79 oder einer Wanderung auf der herrlich grünen Chalkidiki › S. 86? Und von Florina bis Githio verläuft der Europäische Wanderweg E 4 › S. 90.

Beim Griechischen Bergsteigerverband **E.O.O.A.** (Milioni 5, 10673 Athen, Tel. 21 03 64 59 04, www.eooa.gr) gibt es Informationen zum Wandern und Bergsteigen inklusive Hüttenverzeichnis.

Geführte Wanderungen auf griechischen Inseln sowie in Nordgriechenland bietet unter anderem **Martin Frank** an (Tel. 078 08/91 47 41, www.inselwanderungen.de). Bei **Hermann Richter – Inselwandern in Grie-**

SEITENBLICK

Bergtouren pauschal
Geführte Bergwandertouren organisieren der Deutsche Alpenverein – DAV Summit Club in München, Tel. 089/64 24 01 96, www.dav-summit-club.de, sowie die Alpinschule Innsbruck, Tel. 0043/5 1254 60 00, www.asi.at.

chenland (Tel. 06120/86 51, www.inselwandern-hermann.de) kann man neben geführten Wanderreisen auch eine Musikreise nach Nordgriechenland buchen.

> **! Erstklassig**
>
> ### Burgfelsen-Besteigungen
>
> - **Skiathos:** Nach Kastro auf hoher Klippe führt eine Zugbrücke. Wandern Sie ab Skiathos-Stadt in drei schweißtreibenden Stunden dorthin. › S. 68
> - **Korinth:** Die Burg von Akrokorinth bietet eine fantastische Sicht auf den Ost-Peloponnes. Wandern durch die weglose Macchia oder mit dem Taxi hinauf? › S. 106
> - **Peloponnes:** Wanderschuhe schnüren und auf geht's. Der Weg zur Oberstadt von Monemvasia krallt sich in die gewaltige Felswand. Der Weg ist holprig und nur etwas für Schwindelfreie. › S. 113
> - **Kreta:** Zur venezianischen Fortezza in Rethimnon spazieren Sie auch mit Kindern gemächlich. Stadt und Meer präsentieren sich aus einer ganz neuen Perspektive. › S. 132
> - **Rhodos:** Die Festung auf der Akropolis von Lindos ragt steil aus dem Meer, ist aber über Treppenstufen zu erreichen. › S. 141
> - **Korfu:** Die Aussicht von der byzantinischen Festung Angelokastro lohnt den halbstündigen Fußmarsch. › S. 147

Warum nicht Kreta, den Peloponnes oder die Meteoraklöster mit dem Fahrrad entdecken? Vielerorts kann man Räder stunden- oder tageweise mieten. Einige Reiseveranstalter organisieren auch Studienreisen mit dem Fahrrad (z. B. **Wikinger Reisen,** Tel. 02331/90 46, www.wikinger-reisen.de).

Unter freiem Himmel

Von Mai bis Oktober spielt sich alles draußen ab, ob Theater, Konzerte, Kino oder Disco. Luftige Höhepunkte sind Festspiele, z. B. in Epidavros und im Herodes-Attikus-Theater in Athen. Ein Ohrenschmaus sind auch Open-Air-Konzerte griechischer Künstler. (Infos im **Festivalbüro,** Athen, Panepistimiou 39, Buchungen unter Tel. 21 03 27 20 00, www.greekfestival.gr, Veranstaltungen in der »Griechenland Zeitung«, www.griechenland.net). Nach dem Theater geht es dann in die Open-Air-Disco mit Popmusik und Busuki-Klängen – in Griechenland feiert man gerne ... und lange.

Ferien im Klassenzimmer

Wer in Griechenland Griechisch lernen möchte, für den bietet z. B. das **Aristoteles-Institut** in Bremen Kurse auf Rhodos und Kreta an (Tel. 04 21/1 51 90, www.aristoteles.de). Das **Lexis Zentrum für griechische Sprache & Kultur** hat seinen Sitz in der Küstenstadt Chania › S. 132 auf Kreta (Tel. 28 21 05 56 73, www.lexis.edu.gr). Mit ein paar Wörtern Griechisch können Sie schon viel Applaus von den Griechen ernten – und sich neue Horizonte erschließen.

Kinder SPECIAL

SPECIAL

Mit Kindern unterwegs

Mit Kindern nach Griechenland zu reisen, macht einfach Spaß, weil das Land so viel bietet.

Spezialveranstalter
Spezielle Programme für Kids und Teens bieten:
- **Corfelios-Reisen**
  Mittlerer Kirchweg 1
  79410 Badenweiler
  Tel. 07632/82 45 55
  www.corfelios.de
- **Vamos Eltern-Kind-Reisen**
  Hindenburgstr. 27 | 30175 Hannover
  Tel. 05 11/4 00 79 90
  www.vamos-reisen.de

Die besten Strände
Flache Strände mit viel Sand gibt es auf dem Peloponnes bei **Loutra Killinis** › S. 100, auf der Chalkidiki bei **Sani** › S. 86 und **Sarti** › S. 87, in Nordgriechenland bei **Korinos** › S. 88 und **Platamonas**, auf Kreta bei **Rethimnon** › S. 132 und **Georgioupolis**.

Die ganz Kleinen sind in der Regel begeisterte Strandbesucher. Schützen Sie sie gut gegen UV-Strahlen! Auch ein Sonnenhütchen ist unerlässlich. Die Auswahl an Babygläschen ist in Geschäften und Apotheken eher beschränkt.

Pommes und Souvlaki
In den Tavernen sind Kinder gern gesehene Gäste. Die heiß geliebten Pommes kommen als frittierte Kartoffelscheiben daher und heißen *patates tiganites*. Typische Fleischgerichte, die auch Zweijährige mit Heißhunger verspeisen, sind gegrillte Schweinespießchen, *souvlaki*, und Hähnchen, *kotopoulo*. Oft schätzen Kinder die frittierten kleinen Fische, *psarakia*, oder frittierte kleine Tintenfischlein, *kalamarakia*. Wer es gesund mag, der bestellt Gurken, *angouri*, und Tomaten, *tomates*. Wasser, *nero*, kann man in großen Flaschen ordern.

Badefreuden bei Frangokastello auf Kreta

SPECIAL Kinder

Antike für die Kleinsten: Bunte Bilder und Säulen können sie in Knossos bestaunen

Museums-Attraktionen für coole Kids

Antike ist nur etwas für Große? In diesen Museen begeistern sich Kinder für die coolen Heldengeschichten der alten Griechen:

- Ein Highlight ist der Goldschatz aus Mykene im **Archäologischen Nationalmuseum Athen** › S. 58.
- Spezielle Rundgänge für Kinder bietet das **Akropolismuseum in Athen** › S. 56.
- Fast wie ein Entdecker betritt man das Halbdunkel des **Grabmals Philipps II. in Vergina** › S. 81.
- Spannend im **Archäologischen Museum von Iraklion** › S. 134: Die Minoer hatten bereits Brettspiele, kaum 3500 Jahre her ... und eine Schlangengöttin.

Die spannendsten Ausgrabungsstätten

Diese Ausgrabungsstätten können Kinder selbst erforschen:

- **Griechische Agora, Athen** › S. 53: Auf dem alten Markt wurden Fische und Obst gehandelt, in den Wandelhallen Reden geschwungen. Das Theseion zählt zu den besterhaltenen Tempeln Griechenlands. Es ist ein weitläufiges Gelände für Entdecker.
- **Delphi** › S. 62, Nabel der Welt mit rätselhaftem Orakel, eingebettet in eine sagenhafte Landschaft
- Die **Mosaike von Pella** › S. 81, dem Geburtsort Alexanders des Großen, gleichen Comics, die spannende Storys aus antiken Zeiten erzählen.
- **Tempel von Dion, Makedonien** › S. 91: Stege führen über sumpfige Wiesen zu den Tempeln, Frösche quaken zu Füßen der Götterstatuen. Hier wurde in der Antike heiß gebadet, Theater gespielt und geopfert.
- **Ruinenstadt Mistras, Peloponnes** › S. 111: Hier sind Forscher mit Kondition gefragt. Schließlich ziehen sich die Ruinen von Häusern und Kirchen den ganzen Hügel hinauf. Gebaut hat die Festung der Kreuzritter Gottfried von Villehardouin.
- **Der Palast von Knossos, Kreta** › S. 135: Im alten Kreta errichteten die Minoer ihrem König einen gewaltigen Palast, in dessen Räumen bunte Wandgemälde zu bestaunen sind. In halb verfallenen Vorratsräumen stehen riesige Krüge aus Ton.
- **Altstadt von Rhodos** › S. 140: Sie ist von einer mächtigen Stadtmauer umgeben. Ein Bummel durch die Ritterstraße führt an den Herbergen der Ritter entlang. Alles ist so gut erhalten, dass man fast noch Pferdehufe auf dem Pflaster klappern hört.

Unterkunft

Griechenland bietet Unterkünfte für jeden Geschmack und Geldbeutel – vom einfachen Privatzimmer bis zum Luxushotel. Bisher überwiegen kleinere, privat geführte Häuser.

Pensionen und Hotels

Zimmer, *rooms, domatia,* gibt es überall. Oft bieten Wirte sie schon am Busbahnhof oder im Hafen an. Dabei ist das Risiko für eine Nacht gering, notfalls sucht man sich am nächsten Tag ein anderes Quartier. Nur in der Hauptsaison, im Juli und August, sind Reservierungen nötig.

Hotels sowie Privatunterkünfte werden von der griechischen Behörde für Tourismus kontrolliert. Sie setzt Kategorien und Höchstpreise fest. Allerdings lässt sich nur selten von der Kategorie auf die Qualität der Zimmer schließen. Stadthotels sind in der Regel etwa 20 % teurer. Das meist einfache Frühstück wird häufig separat berechnet (Infos: www.attika.de, www.medinareisen.de).

Bauernhöfe und Ferienhäuser

Ideal für den Agritourismus sind z. B. Kreta und Nordgriechenland (Infos: www.agroxenia.net, www.guestinn.com). Eine ganz besondere Attraktion sind die traditionellen *archontika,* alte restaurierte, zu modernen Hotels oder Ferienwohnungen umgebaute Häuser, z. B. auf der Mani, dem Pilion oder Santorin.

Camping

Gute Plätze gibt es auf der Chalkidiki, an der Olymp-Küste, bei Meteora, Delphi und auf dem Peloponnes. Wildes Campen ist generell verboten (Infos: www.greececamping.gr, www.campinggreece.gr).

! Erstklassig

Hotels mit großartiger Aussicht

- **Sani Beach Hotel** €€
  Der Komplex mit Hotel und Bungalows liegt am weißen Sandstrand der Chalkidiki, wo das Meer türkis schillert. › **S. 88**
- **Bungalows Phaistos** €€
  Von dieser Anlage in Tolo sieht man nachts den Mond auf den Wellen glitzern. › **S. 111**
- **Byzantion** €€
  Vis-à-vis erstreckt sich an einem Hang die byzantinische Ruinenstadt Mistras. › **S. 111**
- **Panorama** €€€
  Auf Santorin sehen Sie auf blaue Kirchenkuppeln, die über dem Krater schweben. › **S. 124**
- **Elounda Beach Hotel** €€€
  Luxustempel mit Blick auf die wundervoll geschwungene Bucht des Golfs von Mirabello.
  Elounda | Kreta
  Tel. 28 41 06 30 00
  www.eloundabeach.gr

Warten auf den Sonnenuntergang in Klein-Venedig auf Mikonos

LAND & LEUTE

Steckbrief

- **Fläche:** 132 000 km²
- **Küstenlänge:** 15 000 km
- **Hauptstadt:** Athen
- **Amtssprache:** Griechisch
- **Einwohner:** 11 Mio., Großraum Athen 4,5 Mio., Thessaloniki knapp 1 Mio.
- **Bevölkerungsdichte:** 84 Einw./km² (Deutschland 227 Einw./km²)
- **Touristen pro Jahr:** ca. 25 Mio., davon ca. 3 Mio. aus Deutschland
- **Lebenserwartung:** Frauen 76,4 Jahre, Männer 72,2 Jahre

- **Landesvorwahl:** 00 30
- **Währung:** Euro
- **Zeitzone:** MEZ + 1 Std.

Lage

Griechenland liegt am östlichen Rand Europas in einer tektonisch hochaktiven Zone, wie regelmäßige Erdbeben zeigen. Grüne, ertragreiche Gebiete wie das Thessalische Becken bilden die Ausnahme. Große Teile des Landes leiden selbst nach viel Regen unter Trockenheit, da das poröse Kalkgestein die Niederschläge nicht speichern kann. Das mächtige Pindosgebirge im Westen bildet das geografische Rückgrat, im Osten ragt der höchste Gipfel fast 3000 m aus dem Olymp-Massiv.

Ein Fünftel der Fläche Griechenlands entfällt allein auf die insgesamt 3087 Inseln, von denen allerdings nur ganze 87 bewohnt sind. Nachbarstaaten von Griechenland sind die Türkei, Bulgarien, FYROM (Ehemalige jugoslawische Republik Mazedonien › **S. 17**) und Albanien.

Politik und Verwaltung

Griechenland, Mitglied von UNO, EU und NATO ist seit 1975 eine parlamentarische Republik. 40 Jahre regierten die Parteien PASOK (Panhellenische Sozialistische Bewegung) und ND (Nea Dimokratia) abwechselnd das Land. Das jeweils auf vier Jahre gewählte Parlament umfasst 300 Abgeordnete, die den Staatspräsidenten für fünf Jahre wählen. Seit 2015 hat Prokopis Pavlopoulos (ND) dieses Amt inne. Regierungschef und Ministerpräsident ist seit 2015 Alexis Tsipras, dessen Linkspartei Syriza als stärkste Fraktion im Parlament mit der rechtspopulistischen ANEL eine Koalition bildet. Entgegen anderslautender Wahlversprechen folgte Tsipras' Regierung weitgehend dem wirtschaftlichen Sparkurs, den die EU Griechenland zur Bewältigung der Krise abverlangte. Steigende Abgaben und Steuern sowie sinkende Löhne und Renten waren die Folge. Die Reformen führen immer wieder zu Protesten und Demonstrationen.

Wirtschaft

Die wichtigsten Wirtschaftszweige sind Dienstleistungen (inkl. Tourismus), Industrie und Landwirtschaft (nach Spanien und Italien weltweit drittgrößter Olivenöl-Produzent).

Griechenland gehört seit 2002 zur Europäischen Währungsunion. Seit 2010 befindet es sich in einer Wirtschaftskrise, deren Ausmaß im Jahr 2011 und erneut 2015 die gesamte EU erschütterte und die Stabilität des Euro ins Wanken brachte. Der griechische Staat hat so enorme Schulden aufgetürmt, dass er nur durch Finanzhilfen und Kreditgarantien der EU, des EZB und des IWF vor dem drohenden Bankrott gerettet werden konnte. Im Gegenzug musste Griechenland sich zu weitreichenden Strukturreformen und drastischen Sparprogrammen verpflichten (trotz des mit *Ochi,* »Nein«, beschiedenen Referendums der Regierung Tsipras). Ob die umstrittenen Reformen das Land aus der Krise führen werden, bleibt abzuwarten. Die Arbeitslosigkeit lag 2017 bei 23 %, vor allem die Bekämpfung der Jugendarbeitslosigkeit (43 %) ist eine der größten politischen Herausforderungen.

Religion

Über 90 % der Bevölkerung gehören der griechisch-orthodoxen Kirche an, die im Alltag nach wie vor eine große Rolle spielt. Zeichen der Verbundenheit mit der Religion sind überall sichtbar: Kein Dorf ist ohne Kirche, an jeder Straßenecke steht ein *eklisiaki,* eine Miniaturkirche. Diese sind häufig ein Symbol der Dankbarkeit für die Errettung aus einer Gefahr; am Straßenrand stehen sie meist zum Gedenken an Unfallopfer. Die orthodoxe Kirche ist seit 1864 Staatskirche; die mit ihren schwarzen Soutanen, langen Haaren und Bärten das Griechenlandbild prägenden Popen beziehen ihr Gehalt vom Staat.

Sprache und Schrift

Griechisch ist eine schwierige Sprache. Zum Glück sprechen viele Griechen Englisch oder etwas Deutsch, das erleichtert die Verständigung sehr. Wer sich dennoch ein wenig Neugriechisch aneignet, wird überall auf große Begeisterung stoßen. Dabei sind die Kenntnisse des Altgriechischen nur ein kleiner Vorteil, denn das Neugriechische hat sich sogar in der Aussprache der Buchstaben verändert.

Die Schrift dieser indogermanischen Sprache hat wahrscheinlich ihren Ursprung in den phönizischen Schriftzeichen. Wenn man die Buchstaben lesen kann, fällt die Orientierung leichter. Akzente werden nur als Betonungshilfe gesetzt. Die griechischen Wörter werden auf unterschiedliche Weise in die lateinische Schrift übertragen. So weichen die Ortsbezeichnungen auf Straßenkarten, Schildern, in Broschüren und Reiseführern oft voneinander ab.

Geschichte im Überblick

2100–1400 v. Chr. Die Minoer entwickeln ihr Reich auf Kreta zu einer Handelsmacht.
1400 v. Chr. Die Achäer erobern Kreta und bringen die Insel unter griechische Herrschaft.
1200–800 v. Chr. Stämme aus dem Westbalkan dringen nach Süden vor. Die Dorer verlassen den Epirus und nehmen den Peloponnes ein. Dorer, Ionier und Äolier bilden eine einheitliche Kultur, Sprache und Religion aus.
740–640 v. Chr. In zwei Kriegen unterwerfen die Spartaner die Messenier. Sie werden dadurch führend auf dem Peloponnes.
550 v. Chr. Sparta gründet den Peloponnesischen Bund zur Absicherung seiner Herrschaft.
490 v. Chr. Der Angriff des Perserkönigs Dareios wird vom Athener Feldherrn Miltiades bei Marathon erfolgreich abgewehrt.
480 v. Chr. Schlacht bei Salamis. Der Perserkönig Xerxes wird von den Athenern besiegt.
431–404 v. Chr. Peloponnesischer Krieg. Sparta besiegt Athen.
377 v. Chr. Die Spartaner werden von Theben auf den Peloponnes zurückgedrängt.
338 v. Chr. Philipp II. von Makedonien erobert Griechenland und vereinigt die Stadtstaaten.
336 v. Chr. Philipps Sohn Alexander der Große formt aus dem Hellenenbund ein Weltreich. Er vernichtet das persische Großreich und erobert Teile Indiens.
323 v. Chr. Plötzlicher Tod Alexanders. Das riesige Herrschaftsgebiet wird in langen Kämpfen unter den Nachfolgern, den sogenannten Diadochen, aufgeteilt.
146 v. Chr. Die Römer schließen Griechenland ihrem Reich an.
395 n. Chr. Das Imperium Romanum zerfällt in West- und Ostrom. Griechenland fällt an Ostrom, das bis 1453 als Byzanz weiter besteht.
1054 Es kommt zur Spaltung zwischen der abendländischen und der orthodoxen Kirche.
1204 Beim 4. Kreuzzug beginnen Venezianer und Franken mit der Aufteilung griechischen Bodens.
1453 Die Osmanen besetzen Byzanz. 1456 fällt Athen in ihre Hände. Griechenland blickt einer 400 Jahre dauernden Fremdherrschaft durch die Türken entgegen.

Statue Alexanders des Großen in Pella

1821 Der Unabhängigkeitskampf beginnt. Frankreich, Großbritannien und Russland greifen auf Seiten Griechenlands ein.
1830 Die Türken erkennen Griechenlands Unabhängigkeit an.
1832 Prinz Otto von Bayern wird König Griechenlands.
1912–1913 Nach den Balkankriegen gegen die Türkei erweitert Griechenland sein Herrschaftsgebiet um Epirus, Makedonien und die Ägäischen Inseln (mit Ausnahme der Dodekanesinseln).
1921–1922 Der Versuch, Teile der Türkei zu erobern, wird zur Katastrophe: 1,5 Mio. Griechen müssen Kleinasien verlassen.
1936–1941 Der Diktator General Metaxas herrscht über das Land.
1941–1949 Der Zweite Weltkrieg geht für die Griechen nahtlos in einen Bürgerkrieg über.
1967–1974 Eine Militärjunta regiert das Land
1974 In einer Volksabstimmung entscheiden sich die Griechen für die Republik als Staatsform.
2002 Der Euro wird eingeführt.
2004 Olympische Sommerspiele in Athen; Griechenland wird Fußball-Europameister.
2011 Griechenland ist fast bankrott. Nach dem Rücktritt von Ministerpräsident Georgios Papandreou wird eine Übergangsregierung eingesetzt.
2013 Die 2012 gewählte Regierung setzt ein Sparprogramm fort, das die Entlassung vieler Staatsbediensteter vorsieht.
2015 Die Syriza (Koalition der Radikalen Linken) gewinnt die Wahlen, Alexis Tsipras wird mit Unterstützung der ANEL Ministerpräsident. Trotz Reformen und EU-Hilfspaketen gärt die Wirtschaftskrise weiter.
2017 Athen richtet neben Kassel die »documenta« aus.

Natur & Umwelt

Mandel- und Zitrusbäume blühen, bunte Blumenwiesen leuchten im schattigen Olivenhain, Zikaden zirpen, es duftet nach Thymian: Mensch und Natur scheinen in Griechenland in Eintracht miteinander zu leben.

Aber die Griechen gehen nicht gerade zimperlich mit ihrer Umwelt um. Das Land leidet immer wieder unter verheerenden Waldbränden, die nicht selten auf Brandstiftung zurückgehen, und unter einem Müllproblem, das durch den Tourismus noch geschürt wird. Die Kommunen wissen nicht mehr, wohin mit den Bergen von Aluminium und Plastik. Die Konsequenz: illegale Müllkippen.

An den Küsten Griechenlands liegen empfindliche Feuchtbiotope. Das Bewusstsein für den touristischen Wert dieser leicht zerstörbaren Naturräume wächst – von den Deltas der Flüsse Nestos und Evros bis zum nord-

Natur & Umwelt

westlichen Peloponnes. Dort bilden Seen, Wälder und Sümpfe zwischen der Lagune von Araxos und dem See von Kotichi eine einzigartige Feuchtlandschaft. Tausende von Seevögeln, darunter Sichler, Purpurreiher und Stelzenläufer, rasten dort auf ihrer jährlichen Frühjahrswanderung.

Zu dieser Region gehört auch der von Lagunen und Bächen durchzogene Wald von Strofilia aus Pinien, Eichen und Zypressen. Das lokale Entwicklungszentrum (KTADA) bemüht sich darum, das Biotop für einen sanften Tourismus zu erschließen. Die Natur soll für Besucher erfahrbar werden, ohne Schaden zu leiden. Pensionen und Hotels befinden sich z. B. bei Kato Achaia und Kalogria (Infos unter www.grhotels.gr).

Zum Schutz des Lebensraums von Robben und Meeresschildkröten wurden bei den Nördlichen Sporaden › **S. 68** und vor der Küste von Zakinthos Meeresnationalparks eingerichtet. Nähere Informationen zu weiteren Projekten (z. B. Prespa-Seen) bei der Stiftung Europäisches Naturerbe (Tel. 07732/9 27 20, www.euronatur.org).

Buch-Tipp:
Horst Schäfer, Die Natur Griechenlands (Verlag der Griechenland Zeitung, 2017)

Kunst & Kultur

Eine Reise nach Griechenland führt durch viele Epochen. Burgzinnen überragen die Dörfer, Säulenreste sind in alten Gemäuern verarbeitet, eine orientalisch anmutende Melodie erklingt aus dem Radio – auf ganz selbstverständliche und unspektakuläre Weise sind Antike und Mittelalter, Türkenzeit und Moderne ineinander verwoben.

Minoisch-mykenische Ära (2600–1100 v. Chr.)

Die Minoer hinterließen auf Kreta prächtige Palastanlagen. Zu einer Zeit, die in Mitteleuropa von einer bescheidenen Lebensweise geprägt war, benutzten die feinen Damen am kretischen Hof bereits Lippenstift. Sie tranken aus bunten Tassen mit Tintenfischdekor, und ihre Königin trug zierliche, aus Gold geformte Bienen als Ohrringe. Die faszinierende minoische Kultur gelangte auf den Peloponnes zu den Erbauern von Mykene und Tiryns, die ihre Burgpaläste von kretischen Handwerkern ausstatten ließen.

Geometrische Zeit (1100–700 v. Chr.)

Kreta und Mykene wurden erobert, die nachfolgenden Dorer bevorzugten einen strengeren Stil: Sie verzierten Gebrauchsgegenstände und Vasen mit geometrischen Mustern. Typische, oft umlaufende Dekorformen sind nun konzentrische Kreise, Mäander, Dreiecke, Rauten und die indogermanische

Swastika als Sonnensymbol. Die Geometrische Epoche brachte weder Großplastiken noch Monumentalbauten hervor.

Archaische Periode (700–500 v. Chr.)

Die Kultur der Dorer, Ionier und Äolier erhielt in der archaischen Zeit neue Anregungen aus Ägypten und dem mittleren Orient. Die Bildhauer schufen Statuen, deren marmorne Gesichter vom »archaischen Lächeln« erhellt wurden. Die Verse von »Ilias« und »Odyssee« erzählen von Göttern und Helden. Die Szenen, die die Tempelgiebel schmücken, zeigen

Antike Boxer: Fresko aus Akrotiri

große Momente aus den Mythen. Auch in der Vasenmalerei treten neue Formen auf: Die tonroten Vasen zieren schwarze, später rote Figuren. Die Künstler bevorzugen Szenen: aus dem Alltagsleben als Motive, auch die Jagd und den Kampf mit Schild und Lanze. Daneben werden Heldengeschichten in Vasenbilder umgesetzt. Besonders interessant sind die Vasensammlungen in den Archäologischen Nationalmuseen von Athen und Iraklion.

Klassische Zeit (ca. 500–336 v. Chr.)

In der Klassik war das Leben der Menschen von Krieg und Tod geprägt. Es erscheint geradezu makaber, welch eine Blütezeit die Herstellung von Grabreliefs im 4. Jh. v. Chr. erlebte. Die Bildhauer schufen jedoch mit den Stelen, die die Familien zu Ehren ihrer Toten aufstellten, äußerst wertvolle Kunstwerke.

Die Klassik setzte Maßstäbe für die kommenden Jahrhunderte. In der Bildhauerei gab es bestimmte Regeln, nach denen Götter und Menschen als Idealbilder dargestellt werden sollten. Im 5. Jh. v. Chr. hielt der Bildhauer Polyklet in einem »Kanon« die aus seiner Sicht genau bestimmbaren Proportionen perfekter Schönheit fest. So sollten z. B. die Schultern nicht breiter als die zweifache Kopflänge und der gesamte Körper nicht höher als die siebenfache Kopflänge sein.

Der berühmte Phidias formte aus Gold und Elfenbein die Zeusstatue von Olympia › **S. 102** und das Standbild der Göttin Athene auf der Akropolis in Athen › **S. 54**. Phidias zeichnete auch verantwortlich für die Schmuckfriese des Parthenon › **S. 56**, der als Musterbeispiel eines klassischen Tempels auf der Akropolis entstand. Es war für das Stilempfinden der Philhellenen in der Neuzeit schockierend, als sie erfuhren, dass diese Schätze aus weißem Marmor in der Klassik bunt bemalt waren.

Hellenismus (336–146 v. Chr.)

Der hellenistische Stil behielt diese Farbenpracht bei. Doch war die Architektur nicht mehr allein den Weihestätten vorbehalten. Baumeister entwarfen Pläne für Markthallen, Bäder und Privathäuser – zu sehen z. B. auf der Agora in Athen › **S. 53**. Die Bildhauer entwickelten den klassischen Stil weiter. Sie meißelten nun dynamische und natürlicher wirkende Statuen aus großen Marmorblöcken heraus. Götter und Menschen bildeten sie dabei auch in Momenten der Niederlage ab. Ebenso kamen heitere und alltägliche Motive in den Blick der Künstler. Im Archäologischen Nationalmuseum von Athen ist ein ganz besonders geglücktes Werk der hellenistischen Plastik zu sehen: Die Gruppe »Aphrodite, Eros und Pan« hält eine Verführungsszene in Stein fest.

> **Erst-klassig**
>
> ### Die besten Museen des Landes
>
> - **Akropolismuseum** in **Athen:** Exponate vom Akropolishügel, u. a. der rekonstruierte Parthenongiebel, werden in moderner Architektur präsentiert. › **S. 56**
> - **Archäologisches Nationalmuseum Athen:** griechische Kunst der Antike in höchster Konzentration. › **S. 58**
> - **Benaki Museum Athen:** meisterliche Präsentation der Kunst von 1453–1922 (1 Koumbari St. & Vas. Sofias Ave., www.benaki.gr).
> - Das **Museum Goulandris** auf **Andros** zeigt moderne Kunst. › **S. 61**
> - Die Fassaden der **Königsgräber von Vergina** erheben sich unter einer Kuppel, als wären sie unberührt. › **S. 81**
> - **Museum für Byzantinische Kultur in Thessaloniki** – von der EU preisgekrönt. › **S. 85**
> - **Archäologisches Museum Iraklion:** es bietet berauschende Einblicke in die frühe Hochkultur der Minoer. › **S. 134**

Römische Zeit (146 v. Chr.–395 n. Chr.)

In der römischen Epoche beeinflussten griechische und römische Kultur einander gegenseitig. Als die Römer Griechenland eroberten, waren sie tief von der vorgefundenen Kultur beeindruckt und begannen, selbst Kunstwerke im späthellenistischen Stil zu schaffen. Um den Bedarf an Statuen in der Hauptstadt ihres Reiches zu decken, kopierten römische Bildhauer auch griechische Originale. Die Duplikate fanden bei der römischen Kundschaft großen Anklang. In der Baukunst hingegen waren die Römer von Beginn an sehr kreativ. Sie verbanden die herkömmliche griechische Bauweise mit dem Rundbogen und dem Gewölbe. Von den römischen Kaisern hatte insbesondere Hadrian (reg. 117–138 n. Chr.) großen Gefallen an Athen gefunden. Er ließ einige Bauwerke in der Stadt errichten, darunter die berühmte Hadriansbibliothek › **S. 53**.

Byzantinische Epoche (395–1453 n. Chr.)

Im Jahr 395 n. Chr. zerfiel das Imperium Romanum in zwei Teile, Griechenland gehörte fortan zu Ostrom. In die Kirchenarchitektur hielten vieleckige Innenräume Einzug. Überwölbt waren die Gotteshäuser mit kompliziert verschachtelten Konstruktionen aus Kuppeln und Halbkuppeln. In diesem Stil bauen die Griechen bis heute ihre Kirchen. Wichtig wurden Malerei und Mosaikkunst, schöne Beispiele sind in den Kirchen Thessalonikis zu sehen › **S. 82**. Die farbenfrohen Fresken zeigen die typisch maskenhaften Gesichter mit den orientalischen Augen.

Bei den Mosaiken fällt der goldene Hintergrund auf, vor dem die Körper in würdevoller Haltung dargestellt sind. Auch die Ikonen, die Heiligenbilder der orthodoxen Kirche, sind mit einem goldenen Bildhintergrund versehen. Heutige Ikonenmaler arbeiten noch immer nach byzantinischen Regeln.

Türkenzeit (1453–1830)

Während der 400 Jahre währenden türkischen Besatzung erlebte die griechische Kunst eine ruhige Phase. Die osmanischen Sultane förderten die höfische islamische Kunst, die aber fast keine Anbindung an die griechisch-christliche Kultur hatte. Außerdem strebten sie eine Trennung des Lebens der Muslime von dem der als »Ungläubige« bezeichneten Christen an.

Musik im 20. Jahrhundert

Die griechische Volksmusik von heute hat unüberhörbar türkische Klänge. Mikis Theodorakis setzte Musik 1967–1974 im Widerstand gegen die Diktatur ein. Der bekannteste griechische Komponist der Gegenwart vertonte unter anderem den »Epitafios«, einen Gedichtzyklus des Schriftstellers Jannis Ritsos. Kraft und Trost spenden – diese Funktion hatte schon der Rembetiko › **S. 42**. Sehr lebendig ist heute die Rock- und Pop-Szene, vor allem in Thessaloniki.

Moderne Literatur

Die Romane von Nikos Kazantzakis (»Alexis Sorbas« u. a.) wurden in viele Sprachen übersetzt. Die Lyriker Odysseas Elytis und Giorgos Seferis, beide Nobelpreisträger für Literatur (1979 bzw. 1963), setzen sich in ihren Gedichten auch mit politischen Themen auseinander. Einen Einstieg in die aktuelle griechische Literatur liefert Petros Markaris mit seinen Krimis um Kommissar Kostas Charitos. Zuletzt erschien »Offshore« (2017).

Film

International konnten sich einige griechische Filmregisseure einen Namen machen: Michalis Kakojannis führte 1964 bei der Verfilmung von »Alexis Sorbas« Regie. Constantin Gavras, der sich Costa-Gavras nennt, ein französischer Filmregisseur griechischer Herkunft, griff mit Werken wie »Z« oder

SPECIAL Musik & Tanz

SPECIAL

Von Rembetiko bis Sirtaki

Die klagende Musik des **Rembetiko** ist Melodie und Lebensstil zugleich. Sie stammt aus den Elendsvierteln von Athen und Piräus. Dort begannen zu Anfang des 20. Jhs. verarmte, teils in die Kriminalität abgedrängte Menschen, in dunklen, kleinen Lokalen auf Lyra und Busuki schwermütige Melodien zu spielen. Die Musiker wurden *rembetis* genannt – »leidende« oder nach anderen Interpretationen auch »liederliche Menschen«. Ihre Musik nannte man Rembetiko. 1922 brachten die aus Kleinasien vertriebenen Griechen ihre Musik mit in die Elendsviertel. Sie verschmolz nach und nach mit dem Rembetiko der Spelunken. In Piräus entstanden besonders viele Nachtlokale, in denen die Rembetiko-Musiker nächtelang sangen. Themen waren die Trauer um die verlorene Heimat und unglückliche Liebesgeschichten. Nach dem Zweiten Weltkrieg wurde der Rembetiko als Busuki-Musik salonfähig. Einst Subkultur, gilt der Rembetiko heute als Ausdruck eines Lebensgefühls.

Tanzen gehört zu einem griechischen Fest, sei es ein Namenstag, der wie bei uns der Geburtstag gefeiert wird, oder eine Hochzeit. Nahezu akrobatische Sprünge charakterisieren den **Seimbekiko,** den ein Mann allein zu temperamentvoller Musik tanzt. Der Film »Alexis Sorbas« machte den **Sirtaki** weltberühmt. Der Tanz war eigens für den Film geschaffen worden. Der ursprüngliche **Sirtos** wird als recht komplizierte Schrittfolge im Kreis getanzt. Damit die Schauspieler leicht einen ähnlichen Tanz erlernen konnten, wurde aus dem Sirtos ein einfacheres »Sirtoslein«, auf Griechisch *Sirtaki*.

Rembetiko-Musiker in einem Klub in Athen

»Vermisst« das Thema der brutalen Gewalt von Diktaturen – wie etwa der Herrschaft der griechischen Obristen – auf. Theo Angelopoulos konzentriert sich mehr auf das griechische Kino. Angelopoulos' Film »Die Ewigkeit und ein Tag« erhielt 1998 die Goldene Palme von Cannes. 2005 feierte Tassos Boulmetis auch in deutschen Kinos mit dem Film »Zimt und Koriander« einen großen Erfolg. Der 2008 gedrehte, griechisch-zypriotisch-deutsche Film »Kleine Verbrechen« war auch in deutschen Programmkinos zu sehen. Der witzige Krimi spielt auf Thirasia bei Santorin.

Ein Tipp für Cineasten: In Thessaloniki findet alljährlich im November ein Filmfestival statt, auf dem die neuesten griechischen Produktionen vorgestellt werden (Informationen unter www.filmfestival.gr).

Feste & Veranstaltungen

Festkalender

1. Januar: Am **Neujahrstag** bringt der hl. Vassilis die Weihnachtsgeschenke. Im Kuchen *vassilopitta* wird beim Backen eine Münze versteckt. Wer das Stück mit der Münze bekommt, dem winkt das Glück.

6. Januar: Zum **Fest der Taufe Christi** segnet der Priester das Meer und wirft ein Kreuz hinein, das von Wagemutigen wieder herausgeholt wird.

Karneval: Sieben Wochen vor Ostern wird mit farbenprächtigen Umzügen das Ende des Winters gefeiert › **S. 99**.

25. März: Am ersten von zwei **Nationalfeiertagen** gedenkt man mit großen Paraden der Befreiung von den Türken.

Ostern: Das griechisch-orthodoxe Osterfest wird nach dem Gregorianischen Kalender berechnet (28. April 2019, 19. April 2020, 2. Mai 2021).

SEITENBLICK

Ostern

Ostern ist das höchste Kirchenfest in Griechenland. Schon am Abend des Karfreitags zieht eine Prozession durch das Dorf. Die Gläubigen folgen dem blumengeschmückten *epitafios,* einem Baldachin, der das Grab und das Leichentuch Christi symbolisiert. Am Tag darauf beginnen die Festvorbereitungen. Lämmer werden geschlachtet und die *majiritsa* gekocht, eine Suppe aus Lamminnereien. Gegen elf Uhr abends versammelt sich die Gemeinde in der Kirche, wo Sänger die Osterliturgien vortragen. Kurz vor Mitternacht löscht der Priester das Licht. In die dunkle Kirche kehrt erwartungsvolle Stille ein, bis endlich vor dem Altarraum die Osterkerze aufleuchtet. *Christos anesti* – Christus ist auferstanden – schallt es durch die Kirche. Auf dem überfüllten Kirchenvorplatz wird das Kerzenlicht weitergegeben, und überall knallen ohrenbetäubend die Feuerwerkskörper. Mit den brennenden Kerzen in der Hand geht man schließlich nach Hause.

Feste & Veranstaltungen

1. Mai: Am **Tag der Arbeit** tragen Haustüren und Balkone Blumenschmuck.
Anfang Juni–Mitte September: Antikes Theater, Festspiele und Konzerte unter freiem Himmel finden statt, z. B. in Athen und Epidavros › S. 108.
Juli–Sept.: In Dafni bei Athen kann man beim **Weinfest** unterschiedliche Weine aus der Region probieren › S. 61.
15. August: An »Mariä Entschlafung« wird **Kirchweih** gefeiert.
28. Oktober: Zweiter **Nationalfeiertag** (»*Ochi*-Tag«) Griechenlands zum Gedenken an den Widerstand gegen die italienischen Besatzer während des Zweiten Weltkriegs.
25. Dezember: Weihnachten ist längst nicht so bedeutend wie Ostern. Bescherung ist oft erst an Neujahr. Allerdings gehen immer mehr Familien dazu über, auch an Weihnachten kleinere Geschenke zu verteilen.

Essen & Trinken

Essen unter freiem Himmel, an kleinen Holztischen in engen Gassen, am Hafen oder am Strand – von dieser Atmosphäre lebt die Gastronomie.

In die Küche zu gehen und dort auszuwählen, was in Töpfen und Pfannen brutzelt, ist ebenso üblich wie die Sitte, das Essen lauwarm auf den Tisch zu bringen. Griechen meinen, dass sich so der Eigengeschmack der Zutaten in einem Gericht besser entfalten kann.

Vorspeisen

In der Regel kommen sie gemeinsam mit dem Hauptgericht auf den Tisch. Oft heißen sie Salat, auch wenn es sich wie bei *taramosalata* (Fischrogensalat) oder *melitsanosalata* (Auberginensalat) um cremige Pasten handelt. Probieren Sie neben *choriatiki* (Bauernsalat) auch *chorta*, gekochtes Blattgemüse (kalt, mit Olivenöl und Zitronensaft). In der *ouzeri* isst man eine Vielzahl von Häppchen *(mezedes)*: Zu mariniertem Oktopus, gebackenen Muscheln, Käsepastetchen und *tsatsiki* wird der Anisschnaps Ouzo getrunken.

Mezedes heißen diese Vorspeisen

Aufläufe

Tavernen bieten vor allem pikante Auflaufgerichte an. Dazu gehört *mousaka*: Hackfleisch, Auberginen und Kartoffeln werden mit Bechamelsauce überbacken, Zimt rundet den Geschmack ab. Hinter dem Namen *juwetzi* verbirgt sich mit Reisnudeln und Gemüse geschmortes Lamm- oder Rindfleisch. *Pastitsio* besteht aus Schichten von Bechamelsauce, Makkaroni und Hackfleisch mit einem Hauch Nelke.

Fisch und Fleisch

Zu einer guten Taverne gehört gegrilltes Fleisch. *Psarotavernes* haben sich auf Fisch spezialisiert. In einer *psisteria,* einem Grillrestaurant, braten Lammkoteletts und *souvlaki*-Spießchen über glühender Holzkohle. Sehr gut schmeckt *bifteki,* ein mit Kreuzkümmel gewürztes und mit Feta gefülltes Hacksteak. *Kokoretsi,* gegrillte Innereien, sind nicht jedermanns Sache.

Getränke

Vom Olymp kommt der tiefrote und samtige Rapsani (www.tsantali.com). Grand Reserve nennt sich der rassige Spitzenrotwein von Boutari (www.boutari.gr). Spiropoulos in Arkadien setzt auf Weine aus kontrolliertem Anbau wie den fruchtigen weißen Mantinia (www.domainspiropoulos.com). Schwer und süß ist der Likörwein Mavrodaphne (17 % Vol.) von Achaia Clauss › S. 100. Landweine oder der geharzte Retsina munden offen am besten.

Die griechischen Biermarken Mythos, Fix und Alfa sind preiswerter als ausländische Sorten. Hochprozentiges wird oft selbst gebrannt, besonders der kretische Tresterschnaps *raki.* Wachsender Beliebtheit erfreut sich der makedonische *tsipouro*-Schnaps.

Griechischer Kaffee wird traditionell mitsamt dem Kaffeesatz in einer Mokkatasse serviert: *sketo,* ohne Zucker, *metrio,* mittelsüß, oder *gliko,* süß. Filterkaffee gibt es kaum, stattdessen bestellt man Nescafé (mit Milch: *me gala*). Bei Frappé handelt es sich um einen kalten, aufgeschäumten Instantkaffee.

> **Erstklassig**

Restaurants mit Tradition

- **Kouklis** €€
  Super Plätzchen mit Terrasse in der Plaka von Athen, man reicht *mezedes* auf Tabletts. Probieren Sie möglichst viele Sorten! › S. 60
- **Ouzeri Aristotelous** €€
  An der Platia Aristotelous in Thessaloniki befindet sich dieser beliebte Platz zum Schlemmen und Chillen. › S. 86
- **1800** €€
  Ein luxuriöses Restaurant mit Stil. Serviert werden griechische Speisen, auch Spezialitäten von der Insel Santorin.
  Ia | Santorin
  Tel. 22 86 07 14 85
  www.oia-1800.com
- **Aegli** €€
  An Korfus schickstem Platz ist das beliebte Restaurant schon lange eine Institution. Unter den Arkaden sitzt man schön im Schatten. › S. 146

In der Antike die bedeutendste Orakelstätte, zählt Delphi heute zu den touristischen Highlights einer klassischen Griechenlandreise

TOP-TOUREN & SEHENS-WERTES

RUND UM ATHEN

Kleine Inspiration

- **Dem »Griechischen Blues« lauschen** in einem Rembetiko-Klub in der Plaka › S. 60
- **Die Sonne im Meer versinken sehen** hinter den Tempelsäulen am Kap Sounion › S. 60
- **Geruhsame Tage verleben** an der traumhaften Küste des Pilion › S. 64
- **Schnorcheln im glasklaren Wasser** des Lalaria-Strandes auf Skiathos › S. 68
- **Über alte Maultierpfade wandern** zur Klosterruine Profitis Ilias auf Idra › S. 71

Karte
S. 50

Tour 1–3 **Rund um Athen**

Antike Denkmäler und Top-Museen in Griechenlands Hauptstadt, dichte Laubwälder und einsame Bergdörfer auf dem Pilion, Traumstrände und verschwiegene Buchten auf den Saronischen Inseln.

Die weit gefasste Region um **Athen** ist ein Schatzkästchen: Perlen die antiken Stätten, Juwelen die Inseln. Athens einzigartige Museen verschaffen tiefe Einblicke von der Kykladenkultur bis zur byzantinischen Zeit. Die Stadt ist temperamentvoll und überschäumend.

Delphi war einst der Nabel der Welt. Zeus ließ zwei Adler von beiden Enden der Erde aufsteigen, um den Nabel der Welt zu finden, sie trafen sich hier. Die Ruinen des Orakels erstrecken sich malerisch an einem Ausläufer des grünen Parnassosgebirges.

Nordöstlich von Athen entdecken Sie den waldreichen **Pilion**. In Bergdörfern stehen noch die alten Herrenhäuser; einige werden an Touristen vermietet. Im Frühsommer ist dies eine tolle Region, um zu wandern, in den Dörfern zu rasten und sich an den Stränden in die kühlen Wellen zu stürzen.

Mit Stränden der Superlative wartet **Skiathos** auf. Die bildschöne Sporadeninsel hat üppige Kiefernwälder, ein buntes Nachtleben und glasklares Wasser, das zum Tauchen und Schnorcheln einlädt.

Inselhüpfen kann man auch auf den Saronischen Inseln direkt vor Athen. Genießen Sie auf Ägina, Idra und Poros die Ruhe griechischen Insellebens. **Äginas** Aphaiatempel verblüfft mit einer zweistöckigen Säulenkonstruktion. **Idra** ist autofrei glücklich. Malerisch schließlich ist der Blick vom beschaulichen Städtchen **Poros** hinüber zur direkt gegenüberliegenden Küste des Peloponnes. Da möchte man selbst zum Pinsel greifen.

Oben: Skiathos-Stadt liegt an einer malerischen Hafenbucht
Links: Die berühmten Säulen des Erechtheion in Frauengestalt auf der Akropolis

Rund um Athen Tour 1–3

Touren rund um Athen

Tour 1
Delphi und der Golf von Korinth Athen › Osios Loukas › Delphi › Galaxidi › Nafpaktos

Tour 2
Ins Piliongebirge Volos › Makrinitsa › Milopotamos › Milies › Volos

Tour 3
Saronische Inseln Athen › Ägina › Poros › Idra › Athen

Touren in der Region

Delphi und der Golf von Korinth

Route: Athen › Osios Loukas › Delphi › Galaxidi › Nafpaktos

Karte: Seite 50
Länge: 3 Tage; 310 km
Praktische Hinweise:
- Vorsichtig fahren – die Straßen sind kurvenreich.
- Vor dem Besuch des Schifffahrtsmuseums in Galaxidi sicherheitshalber die aktuellen Öffnungszeiten erfragen (Tel. 22 65 04 17 95).

Tour-Start:

Auf dieser Autotour lernen Sie Höhepunkte griechischer Antike und Seefahrerromantik kennen. Während Ihrer Fahrt von Athen nach Delphi kommen Sie am Kloster **Osios Loukas** 7 › **S. 64** und seinen Mosaiken vorbei. Vielleicht möchten Sie im kiefernbestandenen Klosterhof ein Picknick machen? Bald ist Ihr erstes Etappenziel **Delphi** 5 › **S. 62** erreicht. Die Ausgrabungsstätte ist unvergleichlich harmonisch in die Landschaft eingebettet. Bei der Weiterfahrt blicken Sie ab dem Ort Chrisso auf Millionen silbrig grüner Ölbäume vor dem Golf von Itea. Dann schmiegen sich auch schon die Häuser von **Galaxidi** 4 › **S. 62** dicht aneinander: Ihr zweites Etappenziel. Beim Bummeln durch die gepflasterten Gassen des hübschen kleinen Ferienorts stößt man ganz von selbst auf das Schifffahrtsmuseum, ein Hauch von Seefahrerromantik prägt die beliebte Athener Sommerfrische. Der Golf von Korinth leuchtet blau, die Straße schlängelt sich die Küste entlang zum geschichtsträchtigen **Nafpaktos** 3 › **S. 61**. Am Hafen und in den Tavernen an der Uferpromenade vergehen die Abendstunden wie im Flug.

Ins Piliongebirge

Route: Volos › Makrinitsa › Milopotamos › Milies › Volos

Karte: Seite 50
Länge: 3 Tage; 140 km
Praktischer Hinweis:
- Buchen Sie ab Volos einen Mietwagen. Vorsicht: Die Straßen sind stellenweise steil und kurvig.

Tour-Start:

Die Tour ins waldreiche Piliongebirge beginnt in der Industrie- und Hafenstadt **Volos** 8 › **S. 64**. Probieren Sie in den Hafenkneipen den lokalen Tresterschnaps *tsipouro* und dazu eine Auswahl *mezedes* (Häppchen). Am nächsten Morgen geht es in den Pilion › **S. 64**. Immer höher schraubt sich die Straße in Haarnadelkurven, passiert Bergdör-

Rund um Athen Tour 2: Ins Piliongebirge

fer und Gebirgswiesen, bis der Balkon des Pilion erreicht ist: **Makrinitsa** 9 › **S. 67**, ein Naherholungsziel der Hauptstädter und Ihr nächster Übernachtungsort. Über eine kurvenreiche Straße geht es nach Chania, Ausgangspunkt für Wanderungen zum höchsten Gipfel des Pilion, dem Pliassidi (1551 m). Am Dorfplatz von Kissos steht eine typische Pilion-Kirche, niedrig und breit mit Schieferdach. Hinter dem Dorf führen Stichstraßen zu Strandorten wie Agios Ioannis oder Badebuchten. Ein Traumstrand ist Milopotamos, den ein Felsentor in zwei Buchten teilt. Man erreicht ihn von Tsangarada aus. Olivenhaine säumen den Weg nach Milies. Die Bürgerhäuser mit dem historischen Bahnhof stehen unter Denkmalschutz. Von Lehonia nach Milies können Sie auch mit der nostalgischen Pilion-Bahn fahren › **S. 65**. Bei Kala Nera stößt man schließlich wieder auf den Golf.

Die schönsten Märkte

- **Flohmarkt in Athen:** Täglich findet in den Gassen am kleinen **Monastiraki-Platz** ein bunter »Flea Market« statt. › **S. 53**
- **Markthalle in Athen:** Wurst, Fleisch und Fisch werden in der Markthalle [b1] in der Athinas-Straße zum Verkauf angeboten.
- **Markthalle in Thessaloniki:** Hier herrscht tagein, tagaus ein buntes Treiben, im Sommer locken Berge von frischem Obst und Gemüse. › **S. 84**
- **Bauernmarkt in Nafplio:** Es gibt eine große Vielfalt an Käse und Honig, mittwochs und samstags unterhalb der Festung. › **S. 109**
- **Marktgasse in Iraklion:** Hier kann man Tischdecken, Gewürze und viele andere Dinge des täglichen Bedarfs kaufen. › **S. 134**
- **Bauernmarkt auf Sithonia:** Im Ortszentrum von **Nikiti** [E3] werden freitags bis 14 Uhr Produkte aus der Region verkauft, wie z. B. der Trester *tsipouro*.

Tour 3: Saronische Inseln

Route: Athen › Ägina › Poros › Idra › Athen

Karte: Seite 50
Länge: 6 Tage
Praktischer Hinweis:
- Tragflügelboote (Flying Dolphins) verbinden Piräus mit den Inseln. Fahrpläne und Tarife: www.gtp.gr.

Tour-Start:

Unkompliziert und abwechslungsreich bereisen Sie im Saronischen Golf ein Stück Griechenland, das in **Athen** 1 › **S. 53** und Idra mondän, auf den Inseln Poros und **Ägina** 11 › **S. 69** beschaulich sein kann. Äginas Hauptort ist recht lebhaft, auf der fruchtbaren Insel werden Pistazien angebaut. Ihr Aphaiatempel bietet unerwartete Einblicke in die Architektur der Antike. Die Ruinen der verlassenen Hauptstadt Paleochora › **S. 69** im Innern der Insel ziehen sich malerisch einen Hügel hinauf. Auf **Poros** 12 › **S. 70** herrscht eine ruhige Atmosphäre, hier kann man sich an kleinen Stränden beim Baden erholen und abends gelassen auf die Meerenge zwischen der Insel und dem Peloponnes blicken. Das malerische **Idra** 13 › **S. 71** ist eine viel besuchte Insel, im Hafen mit seinen Kapitänshäusern sorgen die Touristen großer Kreuzfahrtschiffe für Betriebsamkeit und gut gefüllte Boutiquen. Weil es keine Autos auf Idra gibt, können Sie per pedes und per Esel die Klöster der Insel entdecken. Zu den Stränden geht es im Boot.

Info
- **im Internet:** www.athensattica.gr
- **Touristeninformation in Athen:** › S. 59

Unterwegs rund um Athen

Athen 1 ★ [E6]

Griechenlands Hauptstadt (mit Piräus ca. 4,5 Mio. Einw.) ist keine Liebe auf den ersten Blick. In einer lauten, hektischen Kulisse birgt sie jedoch Kulturgüter von Weltrang. Die Infrastruktur wurde mit der Ringstraße um Athen und dem Ausbau der Metro verbessert. Das Zentrum präsentiert sich mit schicken Fußgängerzonen um die Akropolis und in der Ermou, in der Boutiquen die Flaneure locken.

Monastiraki-Platz A [b3]

Günstiger Ausgangspunkt für den Spaziergang zu den großen Attraktionen ist die Metrostation **Monastiraki**. Der quirlige Platz gleich davor ist nach der byzantinischen Kirche Pantanassa benannt – *monastiraki* heißt »kleines Kloster«. Hier wie auch in den umliegenden Gässchen ist ! jeden Tag Flohmarkt. Neben der Basarmoschee kann man die beeindruckenden Reste der aus römischer Zeit stammenden **Hadriansbibliothek** B [b3] sehen.

Griechische Agora C [a3]

Die griechische Agora war Versammlungsort und Marktplatz der Antike. Händler priesen hier vor 2000 Jahren ihre Waren an, während politische Redner sich ihr Publikum suchten. Die Werkstätten und Büros in der **Stoa des Attalos,** der im 2. Jh. v. Chr. errichteten Säulenhalle, florierten. Die Stoa wurde als Museum für die zahlreichen Fundstücke auf dem Gelände der Agora wieder aufgebaut (tgl. 8. bis 15 Uhr). Am anderen Ende der weiten Anlage erhebt sich auf einem niedrigen Hügel das **Theseion** D [a3]. Dieser klassische Tempel aus Pentelischem Marmor war Hephaistos, dem Gott der Schmiede, geweiht. Er gilt als einer der am besten erhaltenen Tempel Griechenlands. So ragen seine dorischen Säulen seit 450 v. Chr. fast unverändert in den Himmel.

Römische Agora E [b3]

Die Römische Agora liegt nur wenige Schritte von der griechischen entfernt. Der achteckige **Turm der Winde** F [b3] aus dem 1. Jh. v. Chr. an ihrem Ende fällt durch seine heiteren Reliefs ins Auge. Die athenischen Windgötter sind auf den Mauern des einst als Wasseruhr genutzten Gebäudes als bekleidete Personen dargestellt: Nordwind Boreas im Mantel, sein südlicher Kollege Notos im Hemdchen und alle mit Flügeln.

Akropolis G ⭐ [b3]

Oberhalb der alten Marktplätze stritt in der Mythologie Athene mit dem Meeresgott Poseidon um die

- A Monastiraki-Platz
- B Hadriansbibliothek
- C Griechische Agora
- D Theseion
- E Römische Agora
- F Turm der Winde
- G Akropolis
- H Odeion des Herodes Attikus
- I Dionysostheater
- J Akropolismuseum
- K Lysikrates-Monument
- L Kerameikos
- M Sintagma
- N Parlament
- O Panathenäisches Stadion
- P Kolonaki
- Q Museum für Kykladische Kunst
- R Likavitos
- S Archäologisches Nationalmuseum

Karte S. 54

Athen **Rund um Athen**

Gunst der Athener Bürger. Poseidon ließ auf der Akropolis eine Quelle entspringen, doch Athene schenkte der Stadt den Olivenbaum, und die Bürger wählten sie daraufhin zur Schutzpatronin. Stellvertretend für jenen Ölbaum, den die Göttin einst pflanzte, wird heute auf dem Burgberg ein Olivenbäumchen neben dem Erechtheion gehegt. Das Eingangstor zum religiösen Zentrum des antiken Athen sind die **Propyläen**. Die heutigen Bauten entstanden unter Perikles, nachdem die Perser die alten 480 v. Chr. zerstört hatten.

Info

Öffnungszeiten Akropolis: April–Okt. tgl. 8–20, Nov.–März 8–17 Uhr. Eintritt 20 €

(unter 18 Jahren Eintritt frei), gilt auch für Griechische Agora, Kerameikos und Museum, Olympion, Römische Agora, Nord- und Südhang der Akropolis.

Parthenon

Der 447–438 v. Chr. erbaute Athenatempel ist ein Meisterwerk des Phidias: Fast alle Linien des gewaltigen Baus sind leicht gekrümmt, sodass die Konturen leichter erscheinen und sich keine perspektivischen Verzerrungen ergeben. Beim Kampf der Venezianer gegen die Türken erlitt der Tempel im 17. Jh. schwere Schäden. Im 19. Jh. wurden große Teile des inneren und äußeren Schmuckfrieses ins British Museum nach London verschleppt. Die griechische Regierung fordert sie bislang vergeblich zurück.

Erechtheion

Das Erechtheion (421–406 v. Chr.) wirkt neben dem Parthenon mit seinen vielen Gebäudeteilen etwas unausgewogen. Bekannt ist die Korenhalle, deren Dach von Säulen in Gestalt junger Mädchen gestützt wird, den Karyatiden › **Abb. S. 48**. Es handelt sich um Kopien, die Originale befinden sich im **Akropolismuseum** › **rechts**. Während ihrer 400-jährigen Besatzung unterhielten die Türken im Erechtheion einen Harem.

Unterhalb der Akropolis

Unterhalb des Hügels liegen zwei Theater. Das große **Odeion des Herodes Attikus** ❶ [b4], das 161 n. Chr. im römischen Stil erbaut wurde, wird bis zum heutigen Tag kulturell genutzt. **50 Dinge** ⑧ › **S. 13**.

Das stark verfallene **Dionysostheater** ❶ [b4] gilt als das erste Theater Europas. Zu Ehren des Weingottes wurden hier jedes Jahr die Dionysien gefeiert. Zum Eingang gelangt man über die Dionissiou Areopagitou.

Akropolismuseum ❶ [b/c4]

❗ Großartige Fundstücke von der Akropolis, u. a. die rekonstruierten Giebel des Parthenon, werden im Akropolismuseum gezeigt. Das auch architektonisch spektakuläre Museum ist ein Besuchermagnet (Metro Akropoli, April–Okt. Mo 8–16, Di–Do, Sa/So 8–20, Fr 8– bis 22 Uhr, Nov.–März Mo–Do 9–17, Fr 9–22, Sa/So 9–20 Uhr, www.theacropolismuseum.gr). **50 Dinge** ㊱ › **S. 16**.

Plaka

Auf dem Weg vom Dionysostheater in die Altstadt Athens, die **Plaka**, gelangt man zum **Lysikrates-Monument** ❸ [c3]. Der Rundbau trug einst einen bronzenen Dreifuß, den ein gewisser Lysikrates um das Jahr 335 v. Chr. mit seinem Chor als

> **SEITENBLICK**
>
> **Kerameikos** ❶ [a2]
> Am Ende der Ermou liegt der antike Athener Friedhof. Die Grabmäler im Gelände sind oft nur Kopien, die Originale befinden sich im Kerameikosmuseum. 2002 machte das Deutsche Archäologische Institut dort einen sensationellen Fund: einen sehr gut erhaltenen Kouros (männl. Statue, ca. 600 v. Chr.). Er wird heute im Museum präsentiert (tgl. 8.30–15 Uhr).

Die Akropolis war religiöses und politisches Zentrum im antiken Athen

Preis bei den Dionysischen Festspielen gewonnen hatte. Den Platz um das marmorne Monument säumen zahlreiche Lokale. Tavernen, Cafés und Juweliere reihen sich auch in der **Adrianou,** einer typischen Plaka-Straße, aneinander: Die Läden quellen über von Souvenirs, und zwischen den ziegelgedeckten Häusern drängen sich die Touristen.

Sintagma Ⓜ [c3]

Zwischen Sintagma und Monastiraki geht es hektisch zu. Am Sintagma stehen Cafétische neben Zitrusbäumchen, Kinder spielen am Brunnen. Eine Oase inmitten des Verkehrs, aber auch oft ein Ort politischer Demonstrationen.

Parlament Ⓝ [d2/3]

An der Nordseite des Sintagma-Platzes steht das klassizistische Parlamentsgebäude, ursprünglich das Königsschloss. Erbaut wurde es 1842 von Friedrich von Gärtner. Es wird von Evzonen bewacht. Die Wachsoldaten paradieren im kurzen Faltenrock. Wachablösung ist zu jeder vollen Stunde, sonntags und feiertags um 10.30 Uhr mit einer Parade. Erholung im Grünen bietet der riesige Nationalgarten, der sich hinter dem Parlament bis zum Zappion erstreckt, einem Kultur- und Ausstellungszentrum.

Panathenäisches Stadion Ⓞ [d4]

Im alten Olympiastadion, Kalimarmaro oder Panathinaikon genannt, fanden 1896 die ersten Olympischen Spiele der Neuzeit statt. 2004 gab es hier neben Bogenschießen den Ziellauf im Marathon. Das neue Olympiastadion (OAKA) mit dem Glasdach des Architekten Calatrava liegt im Stadtteil Marousi (Metro 1).

Kolonaki Ⓟ [d2]

Kolonaki heißen ein vornehmes Athener Viertel und sein zentraler Platz. Die Cafés sind exklusiver, die Boutiquen führen luxuriöse Mode, und die Preise liegen höher als irgendwo sonst in der Hauptstadt. In der Neofitou Douka 4 (Seitenstraße der Vassilissis Sofias) liegt das se-

Statue des Poseidon vom Kap Artemision im Archäologischen Nationalmuseum

henswerte **Museum für Kykladische Kunst** ⓠ [e2]. Die Sammlung enthält einzigartige Gefäße und Idole der frühen Kykladenkultur aus dem 3. Jt. v. Chr. (April–Okt. Mo, Mi, Fr, Sa 10–17, Do 10–20, So 11–17 Uhr).

Likavitos ⓡ [e1]

Der Likavitos-Hügel, zu dessen Gipfel eine Standseilbahn verkehrt, wird von der weißen Kapelle Agios Georgios bekrönt. Der Blick über Athen ist bei Nacht fantastisch.

Archäologisches Nationalmuseum ⓢ ⭐

Das Museum ist mit seiner Sammlung von Kunstwerken aus den verschiedenen Stilepochen der griechischen Antike ❗ einzigartig in der Welt (an der Kasse gibt es einen Plan des Museums). Beeindruckend sind die frei stehenden Bronzestatuen wie die des Poseidon vom Kap Artemision › **Abb. links,** der mit seiner weit ausholenden Armhaltung den Saal beherrscht. Auf keinen Fall versäumen sollte man den Mykenesaal im Erdgeschoss, die Prähistorische Sammlung: Die goldene Totenmaske nebst den goldenen Bechern und dem aufwendig gearbeiteten Diadem hat Heinrich Schliemann entdeckt. Herausragend sind die Wandmalereien aus Akrotiri auf Santorin, die sich im ersten Stock befinden (Patission 44, www.namuseum.gr, April–Okt. Mo 13–20, Di bis Sa 8–20, So 8–15 Uhr).

Piräus und Faliro

Die Metro 1 endet am Hafen von Piräus, wo Tag und Nacht die Fähren zu den Inseln ablegen. Der Weg zum **Mikrolimano,** dem alten Fischereihafen von Piräus, lohnt sich wegen der Fischtavernen direkt am Wasser (Metro/Tram Neo Faliro).

Die Stiftung der Reederfamilie **Niarchos** hat den Athenern im Vorort Faliro ein mondänes **Kulturzentrum** (SNFCC) errichtet – samt Opernhaus, Nationalbibliothek und öffentlichem Park. Entworfen hat das futuristische Ensemble der italienische Stararchitekt Renzo Piano. Die Besichtigung ist kostenlos, spektakuläre Ausblicke, nettes Café und Shop (www.snfcc.org, Shuttle-Bus ab Sintagma/Ecke Ermou).

Info
Tourism Information
- Areopagitou 18–20
  Nähe Akropolismuseum
  Athen | Tel. 21 03 31 03 92
  www.cityofathens.gr

Karte S. 54

Athen **Rund um Athen**

Verkehr
- **Flughafen:** Der Flughafen Eleftherios Venizelos liegt 27 km östlich der Stadt (www.aia.gr). Expressbusse fahren rund um die Uhr in die City (Sintagma-Platz) und nach Piräus, die Metro verkehrt vom Flughafen direkt ins Zentrum (Sintagma-Platz, Monastiraki).
- **Bahnverbindungen:** Vom Larissa-Bahnhof fahren Züge in den Norden des Landes ab. Vom Peloponnes-Bahnhof starten die Züge zur Halbinsel. Beide Bahnhöfe sind mit der Metro-Linie 2 erreichbar.
- **Busbahnhöfe:** Busse zum Peloponnes und nach Thessaloniki starten Leoforos Kifissou 100 (Tel. 21 05 12 49 10; erreichbar mit Bus Nr. 51 von der Ecke Zinonos/Meandrou, nahe Omonia); Die Busse nach Delphi, Meteora und Volos fahren ab Liossion 260 (Tel. 21 08 31 71 09; erreichbar mit dem blauen Zubringerbus Nr. 24 ab Panepistimiou, vor der Nationalbibliothek). Weitere Informationen unter www.thisisathens.org.
- **Schiffsverbindungen:** Von Piräus und Rafina starten Schiffe zu den Inseln, Tickets sind im Reisebüro oder auf den Fähren erhältlich.
- **Metro:** Linie 1 (grün): Piräus–Kifissia im Norden; Linie 2 (rot): Anthoupoli–Hellenikon; Linie 3 (blau): Agia Marina–Flughafen; Fahrpläne und Tarife: www.ametro.gr, S-Bahn in die Vororte: www.oasa.gr.
- **Tram:** Sintagma–Faliro oder Voula

Hotels
Fresh €€€
Mal etwas ganz anderes – mit schrillen Farben, avantgardistischem Luxus, Dachterrasse und Pool.
- Klisthenous & Sophokleous 26 Athen | Tel. 21 05 24 85 11 www.freshhotel.gr

Byron €€
Einfache, klimatisierte Zimmer, z.T. mit Blick auf die Akropolis, in der Plaka.
- Vironos 19 | Athen Tel. 21 03 23 03 27 | www.hotel-byron.gr

SEITENBLICK

Athen – eine Stadt im besten Alter
Bereits 1500 v. Chr. gab es auf der Akropolis eine Burg. Im 7. Jh. v. Chr. wurde der König entmachtet, die Adeligen übernahmen die Herrschaft. Solon beteiligte im 6. Jh. v. Chr. auch die Bevölkerung an der Rechtsprechung. Ihre Blütezeit erlebte die Stadt unter Perikles. Im »Goldenen Zeitalter« wirkten hier der Philosoph Sokrates und der Tragödienautor Sophokles. Wenige Jahre nach Perikles' Tod (429 v. Chr.) begann der politische Niedergang. Die führende Rolle im Geistesleben behielt Athen aber bei, auch zur römischen Zeit. Erst unter byzantinischer Herrschaft verlor es an Bedeutung. Die Philosophenschule wurde geschlossen, der Parthenon im 6. Jh. zur Kirche umfunktioniert. Nach der Eroberung Griechenlands verwandelten die Türken den Tempel im 15. Jh. in eine Moschee, im Propyläengebäude auf der Akropolis wohnte der türkische Kommandant. Athen wurde dörflicher, der Name in Setines geändert. Neuen Glanz erlangte es 1834, als König Otto I. Athen zur Hauptstadt erklärte.

Rund um Athen Athen, Ausflüge ab Athen

Karte
S. 54

Phidias €€
Einfache Zimmer mit Klimaanlage, nur 100 m von der Akropolis, in Thissio.
- Apostolou Pavlou 33 | Athen
  Tel. 21 03 45 95 11 | www.phidias.gr

Restaurants
Kouklis €€
❗ Reichliche und vielfältige Vorspeisen, in der Plaka, Rotwein vom Fass.
- Tripodon 14 | Athen
  Tel. 21 03 24 76 05

Maiandros €€
Dörfliche Atmosphäre in der Altstadt, gute Aufläufe.
- Adrianou 47 | Athen
  Tel. 21 03 21 01 81

Anthemion €
Mezedes in neoklassizistischen Wohnzimmern, im Ausgehviertel Psirri.
- Agios Dimitrios 13 | Athen
  Tel. 21 03 31 13 79
  www.anthemioncuisine.gr

Avissinia €
Nettes Café und *meze*-Lokal mit Aussicht auf Flohmarkt und Akropolis.
- Kinetou 7 | Athen
  Tel. 21 03 21 70 47

Shopping
In der **Ermou** reiht sich eine Boutique an die andere. Internationale Labels sind hier ebenso vertreten wie griechische.

Zentrum für Volkskunst
Traditionelle Keramik und Holzmalereien in der Plaka. Im Café »I Orea Ellas« im 1. Stock über dem Innenhof kann man nach dem Souvenireinkauf entspannen.
- Pandrossou 36 | Athen

Nightlife
Athens Ausgehviertel ist **Psirri** (nördlich der Ermou, zwischen den Metrostationen Monastiraki und Thissio).

Cinque
Winzige Weinbar in Psirri, mit großem Angebot und kleinen Leckereien.
50 Dinge ⑭ › S. 13
- Agatharou 15 | Athen | www.cinque.gr

A for Athens
Cocktailbar des gleichnamigen Hotels am Monastiraki mit Dachgarten.
50 Dinge ㉓ › S. 15
- Miaouli 2 | Athen
  http://aforathens.com

Perivoli tou Ouranou
Rembetiko und Busuki live.
- Lisikratos 19 | Athen

Briki
Dank preiswerter Cocktails und guter Musik ist hier meist die Hölle los.
- Platia Mavili | Athen

Ausflüge ab Athen
Zum Kap Sounion [E6]
Oben der Himmel, unten das Meer und dazwischen nur Tempelsäulen. Kap Sounion liegt 60 km südlich von Athen an der Südspitze Attikas. Auf dem steilen Felsen thront der berühmte Tempel, der Poseidon gewidmet war. Unvergesslich ist der Moment, wenn abends die Sonne hinter den hohen, dorischen Säulen rotglühend im Meer versinkt (tgl. 8 Uhr bis Sonnenuntergang, ca. 2 Std. mit KTEL-Bussen ab Areos-Park, www.ktelattikis.gr).

Karte S. 50

Dafni, Nafpaktos **Rund um Athen**

Nach Andros [F6]

Einmal aus dem Athener Häusermeer ausbrechen und ordentlich Seeluft schnuppern? Andros, die nördlichste und eine der bergigsten Kykladeninseln mit steil abfallenden Küsten ist leicht zu erreichen. Sie fahren mit dem Bus ab Athen-Mavromateon zum Hafenort Rafina (30 km) und setzen dann per Fähre auf die Insel über (ca. 2 Std.).

Im Hauptort **Chora** (bzw. Andros) zeigt das **Archäologische Museum** Fundstücke aus diversen Epochen, während im **Goulandris-Museum für Moderne Kunst** ! herausragende internationale Wechselausstellungen zu sehen sind (Tel. 22 82 02 24 44, www.moca-andros.gr, im Sommer Mi–So 11–15, 18–21, Mo 11 bis 15 Uhr, Di geschl., sonst nur Sa, So, Mo). Sehenswert ist auch der **Tourlitis-Leuchtturm**.

Über Wanderrouten auf Andros informiert www.androsroutes.gr/de.

Dafni 2 ★ [E6]

Das Kloster von Dafni gehört mit Osios Loukas und Nea Moni auf Chios › **S. 126** zu den bedeutendsten Denkmälern mittelbyzantinischer Kunst. Die Kreuzkuppelkirche ist mit großartigen Mosaiken verziert. Von der großen Hauptkuppel blickt Christus als Pantokrator (Weltenherrscher) auf den Betrachter. Das Kloster wurde 1080 wohl an der Stelle eines antiken Heiligtums, das dem Gott Apollon geweiht war, errichtet. Dessen heilige Pflanze war der Lorbeer, griechisch *dafni* (Di, Fr 9–14 Uhr).

Nafpaktos 3 [C6]

Den idyllischen Hafen legten die Venezianer im 15. Jh. an. Seine Mauer aus Natursteinen und Resten antiker Gebäude ist zinnenbewehrt. Ähnliche Mauern ziehen sich auch hinauf zur über dem Ort thronenden Festung. Berühmt wurde der Ort durch die Seeschlacht von Lepanto, wie die Venezianer Nafpaktos nannten. Die christlich-europäische Seestreitkraft besiegte hier am 7. Oktober 1571 die Osmanen. An diese kriegerischen Zeiten erinnert das Grabmal des Unbekannten Soldaten an der Platia hinter dem Hafen, die von Tavernen und Cafés gesäumt wird.

Verkehr
- **Busverbindungen:** nach Patras, Itea und Delphi

Hotels
Akti €€–€€€
50 individuell eingerichtete Zimmer, teils mit Meerblick. Das Hotel besticht durch einen guten Mix aus antiken und modernen Stilelementen.
- Gribovou-Strand | Nafpaktos Tel. 26 34 02 84 64 | www.akti.gr

Nafpaktos €
Großes Haus mit modern ausgestatteten Zimmern und luftiger Lobby. Direkt am Gribovou-Strand gelegen.
- Nafpaktos | Tel. 26 34 02 95 51 www.hotelnafpaktos.gr

Restaurants
Mehrere Tavernen finden Sie entlang der Uferpromenade.

Rund um Athen Galaxidi

Karte S. 50

Galaxidi 4 [D6]

Die ziegelgedeckten Häuser von Galaxidi drängen sich dicht an dicht auf einer Halbzunge des Golfes von Korinth. Oberhalb des Fischerhafens versteckt sich in der Odos Museio ein beachtliches **Schifffahrtsmuseum** mit Galionsfiguren, alten Seekarten, einigen interessanten Navigationsinstrumenten und Amphoren (keine regelmäßigen Öffnungszeiten, Tel. 22 65 04 17 95). **50 Dinge** ㉗ › **S. 15**.

Hotel
Villa Olympia €€
Architektonisch ansprechende Villa mit großen Zimmern, Garten und Pool, 1,2 km außerhalb von Galaxidi.
- Tel. 28 10 30 03 30
  www.ellada.net/villa_olympia

Delphi 5 ⭐ [D5]

An den Hängen des knapp 2500 m hohen Parnassos liegen die Ausgrabungen, nach denen auch der nahe Touristenort benannt ist. Delphi ist die bedeutendste Orakelstätte der Antike. Planen Sie einen ganzen Tag dafür ein.

Das **Apollonheiligtum** ⓐ wird von steilen Felsrängen eingerahmt. Vom Eingang zieht sich die **Heilige Straße** ⓑ den Bezirk hinauf. Sie wird von den Schatzhäusern gesäumt, in denen die kostbaren Weihegaben der griechischen Stadtstaaten aufbewahrt wurden. Als Dank für das richtige Orakel wurden Apollon Geschenke dargebracht.

Das **Schatzhaus der Athener** ⓒ wurde vollständig rekonstruiert. Bedeutendster Ort des Heiligtums ist jedoch der **Apollontempel** ⓓ. Zwischen den Säulen saß einst Pythia und verkündete ihre berühmten Orakelsprüche › **S. 63**. Im Innern markierte der Nabelstein »Omphalos« den Nabel der Welt › **S. 49**. Am **Theater** ⓔ vorbei geht es hinauf zum **Stadion** ⓕ. Hier fällt der Blick auf die überwältigende Naturkulisse. Im Theater sowie im Stadion fanden die Pythischen Spiele mit Theateraufführungen und sportlichen Wettkämpfen statt. Die Römer hatten dabei unter Androhung einer Geldbuße das Mitbringen von Wein verboten, wie eine Inschrift beweist (Außenanlage tgl. 8–15 Uhr, im Sommer auch länger).

ⓐ Apollonheiligtum
ⓑ Heilige Straße
ⓒ Schatzhaus der Athener
ⓓ Apollontempel
ⓔ Theater
ⓕ Stadion
ⓖ Heiligtum der Göttin Athena Pronaia
ⓗ Tholos
ⓘ Museum

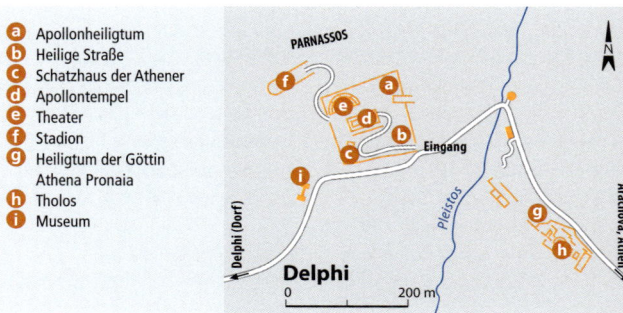

Delphi **Rund um Athen**

Das antike Theater von Delphi besitzt eine einmalige Naturkulisse

Unterhalb der Straße liegt das **Heiligtum der Athena Pronaia** ❾, die als Tempelwächterin verehrt wurde. Ins Auge fällt Delphis Postkartenmotiv – die drei Säulen des **Tholos** ⓗ.

Das **Museum** ❶ ist eines der bedeutendsten Griechenlands. Zu den Funden aus dem Heiligen Bezirk gehört eine Kopie des »Omphalos«. Prunkstück ist der fein gearbeitete bronzene Wagenlenker (474 v. Chr.) mit Augen aus farbigem Stein und zarten Wimpern sowie einer fein modellierten Hand (Museum tgl. 9–16 Uhr, im Sommer auch länger).

Verkehr
- **Busverbindungen:** nach Itea, Amfissa, Arachova und Athen

Hotels
Acropole Hotel Delphi €€
Zimmer mit Möbeln aus Schmiedeeisen oder Holz und Balkendecken, vom Balkon toller Blick auf den Golf von Itea.

SEITENBLICK

Rätsel um das Orakel
Orakelt wurde am Parnassos schon im 2. Jt. v. Chr. Erst hatte die Erdgöttin Gaia, die vom Drachen Python bewacht wurde, das Sagen. Lichtgott Apollon, der als Delphin über das Meer kam (daher der Name Delphi), bereitete dem dunklen Erdspuk ein Ende. Er tötete den Python, nach dem die Riesenschlangenart benannt ist, und gab fortan im Heiligtum von Delphi den Ton an. Sowohl Politiker als auch Privatleute holten sich bei Apollon Rat. Diesen verkündete er, wie einst Gaia, durch den Mund der ältlichen Jungfrau Pythia. Durch das Einatmen von Dämpfen berauscht, die angeblich aus einer Erdspalte strömten, stammelte diese Unverständliches, was Priester in rätselhafte Prophezeiungen übersetzten. Das Orakel, das seine Blütezeit im 7. und 6. Jh. v. Chr. erlebte, behielt aufgrund seiner rätselhaften, mehrdeutigen Antworten immer Recht.

Rund um Athen — Arachova, Osios Loukas, Volos

Karte S. 50

- Filellinon 13 | Delphi
Tel. 22 65 08 26 75
www.delphi.com.gr

Kouros €
10 gepflegte Zimmer mit Klimaanlage, vom Dachgarten aus schöner Blick. Liegt in der Nähe des Ausgrabungsterrains.
- Pavlou & Friderikis 58 | Delphi
Tel. 22 65 08 24 73
www.kourosdelphi.gr

Ausflug nach Arachova 6 [D5]

Von Delphi windet sich eine Straße knapp 10 km bis zum Wintersportort Arachova hinauf. In dem ruhigen Ort werden handgewebte Teppiche und Webwaren als traditionelle Produkte der Region zum Verkauf angeboten. Der örtliche Rotwein wird als *krasi mavro* von Griechen sehr geschätzt. Von der Dorfkirche Agios Georgios schweift der Blick hinunter zum Golf von Korinth.

Osios Loukas 7 [D5]

Am Westhang des Helikon wurde ab dem 10. Jh. das Kloster Osios Loukas im byzantinischen Stil errichtet. Allein die ausgewogenen Proportionen, das reich geschmückte Mauerwerk und die Lage lohnen einen Besuch der Hauptkirche. Berühmt ist sie für ihre farbigen Mosaike auf goldenem Grund aus dem 11. Jh. Im gepflasterten Hof wachsen hohe Kiefern, die Luft ist von ihrem Harzduft erfüllt – der rechte Ort für ein Picknick (Di–So 9–17 Uhr).

Volos 8 [D4]

Die Tour ins waldreiche Piliongebirge beginnt in der Industrie- und Hafenstadt Volos. In ihrem Archäologischen Museum gibt es eine echte Besonderheit: Eine umfassende Sammlung von Grabstelen erlaubt seltene Einblicke in den Bestattungskult der griechischen Antike. Einen interessanten Blick auf die Stadt von heute kann man von der Hafenpromenade aus werfen. Probieren Sie dort in einem der traditionellen Lokale *(tsipouradika)* den beliebten Tresterschnaps *tsipouro* und dazu eine Auswahl *mezedes* (Häppchen).

Hotel
Volos Palace €€€
Schickes Hotel in Hafennähe.
- Xenofontos & Thrakon | Volos
Tel. 24 21 07 65 01
www.volospalace.gr/de

Restaurant
Papadis €€
Eines der ältesten *tsipouradika*.
- Solonos & Argonafton 6 | Volos
Tel. 24 21 02 93 60

Pilion [D4]

Der Pilion ragt südlich von Volos wie eine sichelförmige Halbinsel in die Ägäis. Dichte Eichen-, Walnuss- und Buchenwälder sowie Dörfer mit traditionellen Herrenhäusern zeichnen die Region aus. In der Antike galt sie als Heimat der Kentauren – mythologischer Wesen, halb Mensch, halb Pferd.

Schmalspurbahnen SPECIAL

SPECIAL
Mit Volldampf in die Berge

Schmalspurbahnen in Griechenland lassen nicht nur die Herzen von Eisenbahnfans schneller schlagen. Auf rund 900 km Strecke verblüffen uralte Dampflokomotiven die Reisenden, lernt man Bahnhöfe in entlegenen Dörfern kennen und hat Muße, durch die Waggonfenster die zypressenbewachsenen Hänge des Peloponnes oder die Mischwälder des Pilion zu betrachten.

Der kleine Schwarze

»Der kleine Schwarze« oder auch *to trenaki*, das Züglein, nennen die Bewohner des Pilion › S. 64 die Dampfeisenbahn, die im Juli und August täglich von **Ano Lehonia** nach **Milies** fährt. Etwa 1 Std. dauert die Fahrt hinauf zu dem 450 m hoch gelegenen Bergdorf, das für seine saftigen Äpfel und den restaurierten Bahnhof bekannt ist. Die Lokomoti-

Pittoreske Dörfer schmiegen sich an die Hänge des Pilion

SPECIAL Schmalspurbahnen

ve schnauft die Berge hoch, tutet durchdringend und lässt jede Menge Dampf ab. Die Touristen genießen die Aussicht über die grünen Berghänge hinunter zu den Buchten des Golfs von Volos.

Früher war die Pilionbahn ein wichtiges Transportmittel für die Güter, die von Milies auf die Märkte kommen sollten. Heute ist sie ein nostalgischer Spaß für Touristen: Ihre Spurweite beträgt 600 mm, die Feststellbremse wird noch von Hand bedient und die Lokomotive mit Muskelkraft auf der Drehscheibe in Milies gewendet (Infos unter www.tdstravel.de (Suchbegriff Pilionbahn), Tel. 089/260 94 18).

Mit der Zahnradbahn nach Kalavrita

Seit 1869 fährt die Zahnradbahn vom Küstendorf **Diakofto** durch die Schlucht des Flusses Vouraikos hinauf nach **Kalavrita** auf dem Peloponnes › **S. 105**. Sie ist eine der wenigen in Europa, deren Spurweite 750 mm beträgt. Die Schienen wurden in Deutschland gefertigt, der Triebwagen in Frankreich. An Gärten vorbei rattert die Bahn in die immer enger werdende Schlucht. Die Felsen ragen steil auf, im Frühjahr blüht überall gelber Ginster. An den steilen Abschnitten hakt sich bei Schrittgeschwindigkeit der mitlaufende Zahnradantrieb ein. Die Zahnradstrecke ist rund 3,6 km lang, die Steigungen betragen bis zu 17 %. Der Vouraikos wird auf Brücken überquert, braune Felsen hängen dicht über der Bahn. Dann erreicht sie die Hochebene von Kalavrita; hier läuft sie zu Höchstgeschwindigkeiten von 35 bis 40 km/h auf.

Kalavrita ist vor allem wegen des grauenvollen Massakers bekannt, das von Deutschen im Zweiten Weltkrieg begangen wurde. Rund 1200 Menschen, darunter Kinder und Greise, fielen den Nazi-Truppen zum Opfer. Sehr viele Griechen kommen aber, um das nahe gelegene Kloster Agia Lavra zu sehen, wo Erzbischof Germanos 1821 den Beginn des Unabhängigkeitskampfes gegen die Türken ausrief.

Die Zahnradbahn ist sehr beliebt. Man sollte die Tickets rechtzeitig kaufen und nach der aktuellen Abfahrtszeit für die Rückfahrt fragen. In den Wagen der 1. Klasse genießt man eine bessere Aussicht (www.trainose.gr/en › Tourism & Culture › The Rack Railway).

- **Region of Western Greece** [C6]
Panepistimiou 254 | Patras
Tel. 262 13 62 01 15
www.western-greece.com

Klosterbesuch

Die nostalgische Zahnradbahn von Kalavrita macht eine Pause in Zalorou/Mega Spileo. Vom Bahnhof unter mächtigen Platanen führt ein Pilgerpfad zum 400 m höher gelegenen Kloster **Mega Spileo**. Die eineinhalb Wegstunden lohnen sich: Das Kloster ist direkt an die steil aufragende Felswand des Berges Helmos gebaut. Es birgt eine aus Wachs und Mastix gefertigte Ikone des Evangelisten Lukas. Auf Wunsch zeigen die Mönche das schwarze Kunstwerk (Frauen sollten Schultern und Beine bedeckt haben).

Karte S. 50

Pilion, Skiathos **Rund um Athen**

Hotels

Palios Stathmos €€
Gemütliches Hotel und Taverne beim alten Bahnhof von Milies.
- Milies | Tel. 24 23 08 64 25
  www.paliosstathmos.com

Traditionelle Pilion-Häuser (€€–€€€) findet man u. a. bei **Around Pelion** (www.aroundpelion.com) und beim deutschen Griechenland-Spezialisten **TDS** (www.tdsreisen.de).

Makrinitsa 9 [D4]

Wo einst Asklepios, der Gott der Heilkünste, seine Kräuter suchte, finden heute Athener Erholung. 750 m über der Bucht von Volos zieht sich Makrinitsa den Steilhang hinauf. Die typischen Pilion-Häuser in den Gässchen zeugen vom Reichtum der Bewohner, die ihr Geld einst mit Seidenherstellung verdienten. Über den beiden ersten Stockwerken aus Naturstein ragt das Dachgeschoss wie ein Erker hervor. Fensterläden und -rahmen aus dunklem Holz heben sich von dem weißen Putz mit wappenähnlichen Ornamenten ab. Die Hauptgasse führt zum Dorfplatz mit Blick auf die Bucht. Hinter der Agios-Ioannis-Kapelle ist in einer alten Ouzeri ein verblasstes Wandgemälde des naiven Malers Theofilos (1866–1936) zu erkennen.

Hotel

Archontiko Repana €€
Hübsches *archontiko* aus dem 19. Jh. mit gemütlichen Zimmern. Frühstück auf der Terrasse, Blick über den Golf.
- Makrinitsa | Tel. 24 28 09 90 67
  www.archontikorepana.gr

Restaurant

In der Taverne (€) an der Platia werden regionale Spezialitäten wie *fasolada* (Bohnensuppe) und *spetsofai* (Paprikagemüse mit Wurst) angeboten.

Skiathos 10 [D4]

Die Insel Skiathos, 48 km², verdankt ihren Namen den üppigen Kiefernwäldern; *skiathos* bedeutet schattig. Sie besitzt ein gut markiertes, gepflegtes Wanderwegenetz. Der Bekanntheitsgrad nimmt stetig zu, so wurde etwa die Verfilmung des ABBA-Musicals »Mamma mia« z. T. auf Skiathos gedreht. Es ist also längst kein Geheimnis mehr: Dies ist eine traumhafte Ecke.

Skiathos-Stadt

Die Hafenbucht ist eingerahmt von zwei Halbinselchen; weiße Häuser staffeln sich dahinter den Hang hinauf – so präsentiert sich der Hauptort. In den gepflasterten Gassen blühen lila Bougainvilleen und tiefrote Geranien. Läden, Bars und Restaurants reihen sich aneinander. Im Sommer herrscht hier Hochbetrieb. Ein geeigneter Platz für alle, die im Urlaub gerne shoppen und nachts in den Discos feiern wollen. Im Hafen liegt eine kleine Halbinsel, **Bourdzi**. In ihrem traditionellen Kafenio wird Kaffee auf der Terrasse serviert, die Kulisse der Stadt breitet sich vor dem Betrachter aus.

Koukounaries

Skiathos' Ruf als Reiseziel beruht nicht zuletzt auf seinen Stränden, an der Südküste befinden sich die

Gefährdet: die Mönchsrobbe

> **SEITENBLICK**
>
> **Meeresnationalpark Nördliche Sporaden**
> Manchmal heulen die Sirenen des Mittelmeers noch. So werden die Mönchsrobben wegen ihrer geheimnisvollen Rufe genannt. Dass sie aber überhaupt noch zu hören sind, ist dem Meeresnationalpark Nördliche Sporaden bei Alonissos zu verdanken. Zwei Stunden von Volos entfernt lebt heute die wichtigste Robbenkolonie Griechenlands in relativer Sicherheit. Im naturnahen Tourismus liegt eine große Chance für den Marine-Nationalpark: Wenn mit unberührter Natur etwas zu verdienen ist, dürfte die Akzeptanz bei den Einheimischen steigen. Im Park ist allein der Besuch der Inseln Kira Panagia (Kloster, Buchten von Planitis und Ag. Petros) und Psathoura erlaubt. Nur so besteht eine Chance, dass die spezielle Flora und Fauna der Inselwelt erhalten bleibt. Ob man eine der Robben zu sehen bekommt, ist Glückssache. Auf keinen Fall stören sollte man Robben mit Nachwuchs.

meistbesuchten. Einer stiehlt jedoch allen die Schau: **Koukounaries,** 9 km südlich von Skiathos-Stadt, ❗ zählt zu den schönsten Stränden Griechenlands. Sein Sand glänzt in der Sonne, Pinien sorgen für Schatten, das Wasser schimmert türkis.

Gialos Achladias

Sonnenbaden und Schwimmen, Wasserskifahren und Surfen: Die Küste zwischen **Megali Ammos** und **Koukounaries** lädt dazu ein, das Strandleben zu genießen. Es gibt viele Pensionen und Tavernen. Bei **Gialos Achladias** ist das Wassersportangebot besonders groß.

Bootstour zum Lalaria-Strand

Den berühmten Kieselstrand von **Lalaria** an der Nordostküste fahren Taxiboote vom alten Hafen in Skiathos-Stadt an. Der Wind schuf hier fantastische Felsformen. Der bizarre Felsenbogen Tripia Petra, die weißen Kiesel, das klare Wasser – all das macht den Strand bei Tauchern und Schnorchlern beliebt.

Wanderung nach Kastro

Kastro heißen die ❗ hoch auf einem Felsen gelegenen Ruinen der ehemaligen Inselhauptstadt aus dem 14. bis 19. Jh. Erfahrene Wanderer erreichen die Ruinenstadt mit Ausblick in drei Stunden von Skiathos-Stadt aus (früh aufbrechen und Wasser nicht vergessen). Von der Stadt blieb wenig erhalten, in den Resten der Kirche **Christos sto Kastro** verwittern alte Fresken.

Ägina **Rund um Athen**

Info
- www.skiathos.gr
- Wandertouren über www.hikingskiathos.com, Tel. 69 72 70 54 16

Verkehr
- **Flüge:** Internationaler Flughafen bei Skiathos-Stadt (www.jsi-airport.gr/en)
- **Schiffsverbindungen:** nach Volos, Skopelos und Alonissos

Hotels
St. Antonio €€
Kleine Anlage, 12 Appartements und 5 Zimmer, mit Pool und Panoramablick auf Skiathos-Stadt und das Meer. 300 m zum Strand.
- Skiathos-Stadt | Tel. 2427023176
  www.sanantonio-skiathos.com

Pension Margarita €
Einfache Pension in Skiathos-Stadt mit tollem Ausblick von der Dachterrasse und leckerem Frühstück
- Skiathos-Stadt | Tel. 2427021288
  www.pensionmargarita.gr

Ägina 11 [E6]

Die Insel vor der Küste Athens gleicht einem griechischen Mikrokosmos. Was es im Land zu sehen gibt, ist auch hier vorhanden – manches kleiner, aber nicht weniger fein. Auf der fruchtbaren Insel wachsen die größten Pistazienhaine Europas.

Ägina-Stadt
Im hübschen Hauptort Ägina-Stadt herrscht im Sommer Ferientrubel, weil die Athener gern zur Sommerfrische hierher kommen. Die Hafenmole ist immer belebt, morgens bieten die Markthändler ihr frisches Gemüse von den Booten aus zum Verkauf an.

Aphaiatempel
Der gut erhaltene Aphaiatempel wurde ca. 500 v. Chr. für die Zeustochter Aphaia auf einer Anhöhe errichtet. Über der ersten Reihe hoher Säulen ist eine zweite übereinandergestaffelt zu sehen. Eine architektonische Besonderheit, die in der Antike dazu diente, das Dach des Tempels zu stützen. Über den Tempel und die Insel hinweg reicht der Blick bis zum Saronischen Golf.

Paleochora
Im Inselinnern lockt die verlassene Stadt. Sie bot ab 900 fast ein Jahrtausend lang den Bewohnern von Ägina Schutz vor den Piraten, die immer wieder die Küstendörfer überfielen. Von den einst mehr als 300 Kirchen und Kapellen aus dem 13./14. Jh. ragen noch mehr als 20 auf, manche mit Freskenresten.

Aphaiatempel von Ägina

Agios Nektarios

Nicht weit von Paleochora erhebt sich das Nonnenkloster, ein bedeutender Wallfahrtsort. Die Kirche mit der gewaltigen ziegelroten Kuppel ist schon von Weitem zu erkennen und kann besichtigt werden.

Agia Marina

Der bekannteste Badestrand auf Ägina ist im Sommer gut besucht. Hotels, Pensionen und Tavernen, Bars und Supermärkte sowie Souvenirshops findet man reichlich.

Info
- **im Internet:** www.aeginagreece.com

Verkehr
- **Schiffsverbindungen:** nach Athen und Poros

Hotels

Aeginitiko Archontiko €€
Neoklassizistisches Haus von 1900 mit nostalgischem Charme. Den Frühstücksraum ziert unter der Decke eine Galerie bunter Glasfenster, die Zimmer sind mit traditionellen Holzmöbeln eingerichtet.
- Ag. Nikolaou & Thomaidos 1
  Agia Marina | Tel. 22 97 02 49 68

Anatoli €€
Kleines Hotel in Strandnähe. Die Zimmer sind im orientalischen Stil dekoriert, mit Teppichen, Kissen und Wasserpfeifen.
- Agia Marina
  Tel. 22 97 03 20 02
  www.hotel-anatoli.gr

The Beachhouse €€
8 schicke Apartments am Strand des Dorfes Vagia.
- Beach Street | Vagia
  Tel. 69 42 41 22 65
  www.thebeachhousegreece.com

Restaurant

Yachtclub Panagakis €€
Hier kann man das bunte Treiben an der Hafenmole bei einer Tasse Kaffee oder einem Drink verfolgen.
- Dimokratias 20 | Ägina-Stadt
  Tel. 22 97 02 66 54
  www.cafepanagakis.com

Poros 12 [E7]

Das beschauliche Poros, 33 km², trennt eine nur 250 bis 1000 m breite Meeresenge vom Peloponnes. Der gleichnamige Hauptort bedeckt einen Hügel, ein Turm überragt das Gassengewirr, im Hafen liegen im Sommer unzählige Segelboote vor Anker. Der **Strand von Askeli** ist zu Fuß von der Stadt aus zu erreichen.

Über die Straße von Poros gelangt man zum **Kloster Zoodochos Pigi** mit geschnitzter Ikonostase und zu den spärlichen Resten des Poseidontempels im Norden. Es lohnt sich, nach **Galatas** auf dem Peloponnes überzusetzen und den nahen Zitronenwald Lemonodassos zu besuchen – vor allem im Frühjahr, zur Zeit der Zitronenblüte, ein unvergessliches Dufterlebnis!

Info
- www.poros.com.gr; www.discovergreece.com/de/greek-islands/poros

Verkehr
- **Schiffsverbindungen:** nach Athen, Idra und Galatas

Idra (Hydra) **Rund um Athen**

Hotel

Pavlou €–€€

Gut geführtes Hotel mit 36 behaglichen Zimmern am Strand von Neorio. Das zugehörige Restaurant legt auf gute Qualität der Zutaten Wert.
- Neorio | Tel. 22 98 02 27 34
  www.pavlouhotel.gr

Idra (Hydra) 13 [E7]

Unglaublich, aber auf der ganzen, 50 km² großen Insel gibt es keine Privatautos. Stattdessen stehen an der Hafenpromenade Esel und warten darauf, Besucher und Gepäck zu transportieren! Erholungssuchende finden jenseits des Städtchens tiefe Stille, aber keine Langeweile. Die felsige Karstlandschaft mit den steilen Küsten lohnt den Ackerbau nicht. So lebten die Bewohner seit jeher von Schifffahrt und Handel, Idra wurde als Reederinsel reich.

Seinen großen Auftritt hat Idra heute, wenn Kreuzfahrtschiffe einlaufen: Die massiven Natursteinhäuser steigen amphitheatralisch um das Hafenbecken auf. Einige Hotels und Restaurants sind ausgesprochen exklusiv, die Insel ist ein Treffpunkt wohlhabender Kunstkenner aus Athen.

Wassertaxis transportieren Menschen und Waren des täglichen Gebrauchs zu den Küstenweilern **Kaminia**, **Mandraki** und **Vlichos** sowie zum Strand von **Limnioniza**. Im Inselinnern stehen einsame Klöster. Zur Klosterruine **Profitis Ilias** auf dem **Berg Eros** z. B. kann man in rund 90 Min. wandern. Vom Berg reicht die Sicht weit übers Meer.

Im Hafen von Idra (Hydra)

Info
- **Touristenpolizei:** Tel. 22 98 05 22 05
- **im Internet:** www.hydra.gr

Verkehr
- **Schiffsverbindungen:** nach Piräus (3,5 Std.), Poros (1 Std.), Spetses (1 Std.)

Hotel

Greco Hotel €€

Das Natursteinhaus unweit des Hafens diente einst als Bäckerei. 19 moderne Zimmer mit Klimaanlage, TV und Kühlschrank. Stilvoll begrünte Terrasse, WLAN auch im herrlichen Garten.
- Gika Kouloura | Idra
  Tel. 22 98 05 32 00
  www.grecohotel.gr

Restaurant

Téchnē €€

Moderne Küche in schickem Ambiente. Meeresfrüchte sind die Spezialität, die Aussicht aufs Meer ist ein Genuss.
- Avlaki | Idra
  Tel. 22 98 05 25 00
  www.techne-hydra.com

NORD-GRIECHENLAND

Kleine Inspiration

- **Die spektakuläre Vikos-Schlucht durchsteigen** mit ihren steil aufragenden Felswänden › S. 79
- **Auf den Spuren Alexanders des Großen wandeln** in Vergina und Pella › S. 81
- **Karibisches Flair genießen** am Traumstrand von Kalamitsi auf der Halbinsel Sithonia › S. 87
- **Die Nähe der Götter spüren** auf dem Gipfel des Olymp › S. 89
- **Den Blick schweifen lassen** – von den Meteoraklöstern über die weite Ebene Thessaliens › S. 91

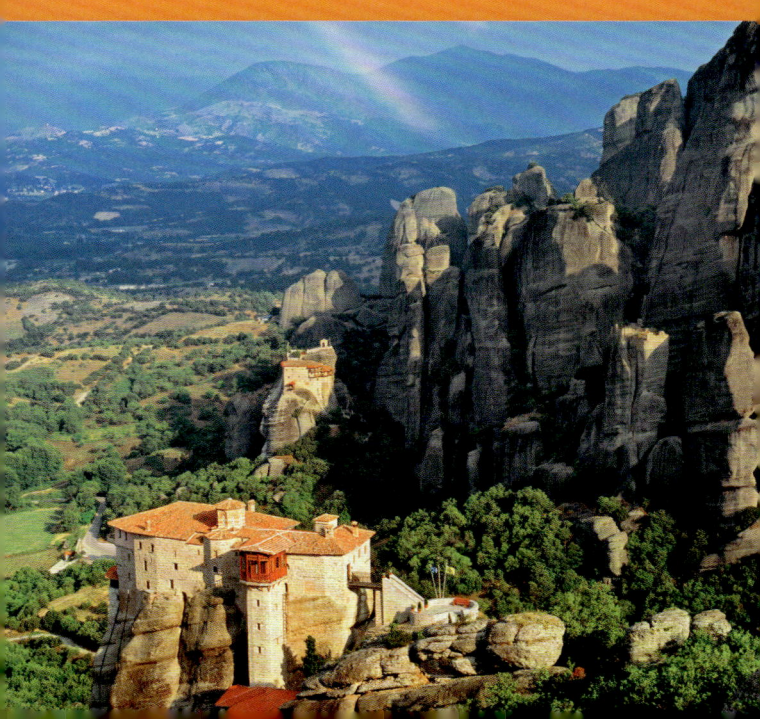

Tour 4–6 **Nordgriechenland**

Wanderfreuden im Epirus und im Pindosgebirge, byzantinische Kunst in Kastoria und Thessaloniki, Traumstrände auf der Halbinsel Chalkidiki, auf spitzen Felsnadeln thronende Klöster bei Kalambaka.

Nordgriechenland präsentiert sich als Terrain für Entdecker. Das gilt besonders für den **Epirus,** die gebirgigste Region Griechenlands. In den Schluchten des **Vikos-Aoos-Nationalparks** sind Sie als Wanderer oft noch allein. Auch die Wege im majestätischen **Pindosgebirge** wollen noch erforscht werden. **Ioannina,** Hauptstadt des Epirus, liegt malerisch am See, im Basar bieten winzige Lädchen handgefertigte Kupferkannen an. Romantikern gefällt ein Abendspaziergang auf dem Inselchen im See.

Makedonien verfügt über eine sonnenverwöhnte Küste, genau das Richtige, um sich an den Stränden der **Chalkidiki** unter Sonnenschirmen zu aalen. Auf Kultur muss man dabei nicht verzichten, Sommerfestivals bieten Theater und Konzerte. Nicht zu vergessen die zahlreichen byzantinischen Kirchen von **Kastoria** im Norden bis Thessaloniki im Süden mit ihren wundervollen Fresken und Ikonen. Wer es sich zutraut, der kann den Göttersitz Olymp besteigen. Surfer treffen sich in den Urlaubsorten auf **Kassandra** und **Sithonia.** Die Antike lockt mit den Mosaiken von **Pella** und den goldenen Grabbeigaben des Königs Philipp II. von Makedonien. Ein unvergleichliches Natur- und Kulturerlebnis in **Thessalien** bieten die Klöster von **Meteora,** die über der weiten Ebene thronen.

Nordgriechenlands Metropole ist **Thessaloniki.** Versäumen Sie dort nicht das Byzantinische Museum. In der romantischen Oberstadt findet man geeignete Plätzchen, um die Seele baumeln zu lassen. Keine Sorge, beim Shoppen in der Innenstadt kommen Sie wieder in Schwung!

Oben: Strand bei Sarti auf der Halbinsel Sithonia
Links: Wie Vogelnester bieten sich die Klöster von Meteora auf hohen Felstürmen dar

Nordgriechenland Tour 4–6

Touren in der Region

Durch Epirus und Makedonien

Route: Ioannina › Zagoria / Vikos-Aoos-Nationalpark › Kastoria › Vergina › Pella › Thessaloniki

Karte: Seite 74
Länge: 6 Tage; 620 km
Praktische Hinweise:
- Bestellung eines Führers durch Kastorias Kirchen: Tel. 24 67 02 67 81 (Byzantinisches Museum).
- Vergina hat Mo vormittags geschl.

Touren in Nordgriechenland

Tour 4

Durch Epirus und Makedonien Ioannina › Zagoria/Vikos-Aoos-Nationalpark › Kastoria › Vergina › Pella › Thessaloniki

Tour 4: Durch Epirus und Makedonien **Nordgriechenland**

Tour-Start:

Spüren Sie die Kraft einer überwältigenden Natur und fühlen Sie, wie sich drei Zeitebenen durchdringen: antike, byzantinische und osmanische Epoche. **Ioannina** 1 › S. 77 imponiert mit Spuren aus der Zeit der türkischen Herrschaft. Zeichnet sich die Silhouette Ioanninas scharf vor den Bergen ab, so scheinen die Konturen der traditionellen Zagoria-Dörfer › S. 78 ganz mit den umliegenden Felsen zu verschmelzen. Grandios sind die Schluchten des **Vikos-Aoos-Nationalparks** 5 › S. 79. Liebhaber byzantinischer Kunst werden in **Kastoria** 6 › S. 80 und Thessaloniki ins Schwärmen geraten. Bei **Vergina** 7 › S. 81 und **Pella** 8 › S. 81 kommen nicht nur Fans der Antike ins Staunen. Das Grab des Vaters von Alexander dem Großen zu betreten, ist ein bisschen so, als würde man es selbst entdecken. Die Mo-

Tour 5

Olymp und Meteoraklöster Thessaloniki › Olymp/Korinos › Ambelakia › Meteora

Tour 6

Chalkidiki Thessaloniki › Kassandra › Sithonia › Olimbiada › Athos

Nordgriechenland Tour 5: Olymp und Meteoraklöster
Karte S. 74

saike von Pella bestechen durch ihre Motive und schließen den Kreis zwischen den Epochen der griechischen Kultur. Im Hier und Jetzt wandeln Sie auf **Thessalonikis 9** › S. 82 Flaniermeilen. Nehmen Sie Quartier in Ioannina, Kastoria und Thessaloniki.

Olymp und Meteoraklöster

Route: Thessaloniki › Olymp/ Korinos › Ambelakia › Meteora

Karte: Seite 74
Länge: 3 Tage; 275 km
Praktischer Hinweis:
- Die jeweiligen Öffnungszeiten der Meteoraklöster findet man unter http://odysseus.culture.gr.

Tour-Start:

Schauen Sie doch einmal bei den Göttern des Olymp vorbei und sehen Sie sich in schwebenden Klöstern um: Wo sich Natur und Kultur so eng miteinander verbinden, liegt das Zentrum Nordgriechenlands. In **Thessaloniki 9** › S. 82 stürzt man sich ins Leben einer griechischen Großstadt und bereitet sich im Byzantinischen Museum bereits auf kommende Kulturgenüsse vor. Hoffentlich haben Sie auch Badesachen eingepackt, denn Entspannen und Sonnenbaden sind die Hauptbeschäftigungen am Strand von **Korinos 21** › S. 88 (hier Übernachtung einplanen), wenn Sie nicht einen Abstecher zur Ausgrabungsstätte von **Dion 22** › S. 91 machen oder auf den **Olymp 23** › S. 91 kraxeln. Tauchen Sie dann auf dem Weiterweg durchs Tembi-Tal im ursprünglichen Bergdorf **Ambelakia 24** › S. 91 tief in griechisches Dorfleben ein. Und dann erwartet Sie das Highlight Thessaliens, die spektakulären **Meteoraklöster 25** › S. 91. Auf steilen Felsen errichtet, bergen sie in ihren Mauern kostbare Fresken und Ikonen. In dem kleinen Dorf Kastraki bei Meteora können Sie übernachten › S. 92.

Chalkidiki

Route: Thessaloniki › Kassandra › Sithonia › Olimbiada › Athos

Karte: Seite 75
Länge: 3 Tage; ca. 330 km
Praktische Hinweise:
- Infos zu Hotels und Wanderungen erhalten Sie bei der Chalkidiki Hotel Association › S. 87.
- Übernachten können Sie auf der Halbinsel Sithonia › S. 87 und in Ouranoupoli › S. 87.

Tour-Start:

Von **Thessaloniki 9** › S. 82 aus geht es los zur Strandparade. Auf den beiden Chalkidiki-Halbinseln Kassandra und Sithonia folgt Bucht auf Bucht. Auf Kassandra › S. 86 locken die Strände von Sani Beach und Afitos mit türkisblauem Wasser. Eine Wanderung über die Hügel von Kassandra bringt Abwechslung ins Strandleben, ebenso die **Tropfstein-**

höhle von Petralona **11** › S. 86. Weiter östlich, auf Sithonia › S. 87, lockt der Naturhafen von Porto Koufos, in der Bucht von Kalamitsi gibt es sogar eine deutschsprachige Tauchstation (www.sithoniagreece.com). Sarti eignet sich wegen seines Strandes gut für Familien, Blick auf den Berg Athos inkl. Höhepunkt ist die Schifffahrt entlang der Westflanke des **Berges Athos 17** › S. 87, bei der Sie wunderschöne Klöster am Berg oder in Ufernähe entdecken. Bei **Olimbiada 19** › S. 87, an der Ostküste der Chalkidiki, nördlich vom Athos, ist der Strand zum Teil menschenleer.

Info
- www.visit-halkidiki.gr
- www.halkidiki.com

Unterwegs in Nordgriechenland

Ioannina **1** [B4]

Ioannina (45 000 Einw.) ist die Hauptstadt des Epirus und bekannt für die Fingerfertigkeit seiner Silberschmiede. Im kleinen Basar der Stadt gibt es auch eigene Gassen für Schneider, Schuhmacher und Messingschmiede. Orientalisch ist das Flair im **Kastro,** der ummauerten Altstadt. Ali Pascha hieß die schillernde Gestalt, unter deren Führung die Region im 19. Jh. zu Wohlstand gelangte. Als er sich vom Sultan unabhängig machen wollte, vertrieben ihn die türkischen Truppen. Er flüchtete auf die Insel im Pamvotis-See, wo er 1822 ermordet wurde.

Die mit Arabesken ausgemalte **Aslan-Moschee** von 1618 ist heute Stadtmuseum, die türkischen Bauten um sie herum verfallen. Sie birgt Trachten von Christen und Juden aus Nordgriechenland und Privatgegenstände aus dem Besitz Ali Paschas. In den Gefängnissen unter der Moschee wurden während der Türkenzeit zahlreiche Widerstandskämpfer hingerichtet (Di–So 8.30 bis 15 Uhr). Das **Archäologische Museum** an der Kentriki Platia zeigt u. a. Ausgrabungsfunde vom Zeus-Orakel in Dodoni (Di–So 8–15 Uhr).

Von der Aslan-Moschee ist die Sicht auf den See und die Insel **Nisi** unverstellt, auf der fünf Klöster stehen. Das **Nikolaos-Kloster** mit seinen Fresken aus dem 16. Jh. sowie das **Panteleimon-Kloster,** der Rückzugsort Ali Paschas, lohnen einen Besuch. Besonders reizvoll ist eine Bootsfahrt auf dem See am frühen Abend.

Info
- **Touristeninformation**
  Odos Dodonis 39
  Ioannina
  Tel. 26 51 04 18 68

Verkehr
- **Busverbindungen:** vom Busbahnhof (Od. Sosimadon) nach Athen, Thessaloniki, Igoumenitsa und Dodona
- **Schiffsverbindungen:** Nahe der Platia Mavili legen Boote zur Insel ab.

Nordgriechenland Ioannina, Dodoni, Perama

Typische Bogenbrücke in der stillen Gebirgsregion Zagoria

Hotels
Olympic €€€
Komfortables Hotel in der Nähe der Präfektur, große Lobby mit gläsernem Dach, gemütliche Zimmer, Piano-Bar, Restaurant und Konferenzraum.
- Melanidis 2 | Ioannina
  Tel. 26 51 02 22 33
  www.hotelolymp.gr

Traditional Hotels in the Castle €€
Vier rustikale Hotels in alten Gemäuern inmitten der Altstadt.
- Ioannina | Tel. 26 51 08 35 60
  www.ioannina-traditional-hotels.gr

Restaurants
An der Platia Mavili haben Tavernen ihre Tische im Freien gedeckt.

Dodoni 2 [B4]

Bei Dodoni befindet sich neben einem riesigen Theater das älteste Orakel Griechenlands. Hier stand eine dem Zeus geweihte Eiche. Aus dem Rauschen ihrer Blätter deuteten die Priester die Antworten auf die Fragen Ratsuchender. Auch das Zwitschern der Vögel gab den Sehern Aufschluss. Im restaurierten Theater aus dem 3. Jh. v. Chr. mit den steilen Sitzreihen für einst 18 000 Zuschauer ist die Aussicht immer noch prächtig (Di–So 8–15 Uhr).

Perama 3 [B4]

Abkühlung an heißen Tagen verspricht ein kurzer Ausflug in die Unterwelt: In Perama wurde eine Tropfsteinhöhle entdeckt. Auf dem 45-minütigen Rundgang sieht man bizarr geformte Stalagmiten und Stalaktiten, die treffende Namen tragen wie beispielsweise »Schiefer Turm von Pisa« (Tel. 26 51 08 15 21, tgl. 8–17 Uhr).

Zagoria [B4]

In der entlegenen Gebirgsregion Zagoria – *zagori* bedeutet »hinter den Bergen« – gibt es zahlreiche einsame Weiler. Die Bewohner der *zagorochoria*, der Dörfer aus hellgrauen Natursteinplatten, flüchteten im Zeitalter der Industrialisierung vor der Armut. Heute bildet die wildromantische Landschaft mit den urtümlichen Siedlungen das Kapital der Rückkehrer.

Die steinernen Dächer von **Monodendri** 4 [B4] sind aus der Ferne kaum vom Umland zu unterscheiden. Die Gasthäuser des Dorfes servieren die *zagoria pita*, eine Köstlichkeit aus Käse und Eiern. Vom Dorf aus sollte man den herrlichen Vikos-Aoos-Nationalpark erkunden › unten.

Hotels

Archontiko Zarkada €€
Traditionelles Hotel am Ortseingang, ganz im Zagoria-Stil mit Holzmöbeln, offenem Kamin und Holzdecken. Mit Taverne.
• Monodendri | Tel. 26 53 07 13 05
www.monodendri.gr

Monodendri €
Großes Natursteinhaus im typischen Baustil, mit Arkaden, einfache Zimmer.
• Monodendri
Tel. 26 53 07 13 00
www.monodendrihotel.com

Nationalpark Vikos-Aoos [B4]

Die grandiose **Vikos-Schlucht** 5 [B4] ist einzigartig in Europa. Auf 10 km Länge hat sich der Fluss bis zu 1000 m tief in den graurotren Felsen gegraben. Hellgraue Kalkplatten, flach wie Pfannkuchen, schichten sich überall zu ungewöhnlichen Türmen auf. Im Sommer kann man die Schlucht durchwandern.

Der Ausblick von **Oxia**, dem Felsenbalkon bei Monodendri, ist spektakulär: Senkrecht stürzen die Felswände 400 m hinab in die Tiefe, der zerklüftete Mega Lakkos, der Große Graben, mündet gegenüber in die Schlucht. Der Fluss verbirgt sich im Talgrund zwischen Kiefern und Buchen. Bislang kommen allerdings noch wenige Besucher, um von Monodendri oder Kipi aus den anstrengenden siebenstündigen Weg durch die Schlucht zu wagen. Er endet entweder in **Vikos** oder in dem Zagoria-Dorf **Papingo**.

In **Konitsa**, einem bäuerlichen Ort nahe der albanischen Grenze, spannt sich eine alte Steinbogen-

> **Erstklassig**
>
> ### Feine Strände
>
> • **Kokounaries**: Top-Sandstrand mit angrenzendem Pinienhain auf Skiathos. › S. 68
> • Der weißeste: **Sani Beach** an der Westküste Kassandras. › S. 86
> • Surfer und Taucher treffen sich am hellen Sand-Kieselstrand von **Kalamitsi Beach**. › S. 87
> • Von der Strandmatte zum Berg Athos blicken können Sie an der Ostküste der Halbinsel Sithonia bei **Sarti**. › S. 87
> • **Amoliani** [E3] heißt die Insel westlich von Ouranoupoli/Chalkidiki. Ihre Ostküste bis Megali Ammos ist ein einziger langer, feiner Sandstrand.

Nordgriechenland Kastoria

Kastoria liegt idyllisch am bewaldeten Ufer des Orestiada-Sees

brücke hoch über den rauschenden Fluss. Die **Schlucht des Aoos** ist ein ideales Revier für Wildwasserkanuten und Rafting-Fans. In Konitsa werden im Sommer auch Kanus vermietet.

Hotel

Saxonis Houses €€€
150 Jahre alte, liebevoll restaurierte Steinhäuser, kleiner Garten.
• Megalo Papigo
Tel. 69 37 15 16 24
www.saxonis-papigo.gr

Kastoria 6 [B3]

Die Kleinstadt (30 000 Einw.) zieht sich über einen steilen Hügel der Halbinsel, die in den Orestiada-See hineinragt. Im Zentrum der historischen Handelsstadt bilden alte und moderne Häuser ein labyrinthisches Gassengewirr. Im Ort fallen die zahlreichen Pelzgeschäfte auf. Kastoria ist weltweit für seine Pelzverarbeitung berühmt. Bekannt ist die Stadt auch für ihre byzantinischen Kirchen, die nur mit einem Führer aus dem Byzantinischen Museum zu besichtigen sind. Dieses birgt eine kostbare, sehenswerte Ikonensammlung (Tel. 24 67 02 67 81, Kirchen nur bis 11 Uhr).

Vom Museum aus begleitet Sie der Führer auf Anfrage zu einigen der schönsten Gotteshäusern. Die Atmosphäre in den kleinen Kirchen prägt geheimnisvolles Halbdunkel: Helles Licht würde die mittelalterlichen Fresken sehr schnell verblassen lassen.

Die Kirche der **Panagia Kumbelidiki** aus dem 11. Jh. ist innen und außen mit sehenswerten Wandmalereien verziert. Sehr eindrucksvoll ist die Darstellung der Heiligen Dreifaltigkeit in dem schmalen Gewölbe des Innenraumes. Die Ziegelsteinfassade der Basilika **Agii Anargiri** aus dem 10. Jh. ist geometrisch gemustert. Zwischen den Häusern versteckt liegt **Agios Stefanos**. Die etwa 1000 Jahre alte Kirche birgt Fresken, von denen die ältesten aus dem 9. Jh. stammen.

Karte S. 75

Vergina, Pella **Nordgriechenland**

Die Kirchenbesichtigung lässt sich gut mit einem Spaziergang am Orestiada-See kombinieren. Eine breite Promenade führt am Ufer entlang, dort gibt es Kaffee und Torte bei herrlichem Blick über den See.

Info
- www.visitwestmacedonia.gr/en/

Verkehr
- **Busverbindungen:** nach Neapolis, Kosani, Athen und Thessaloniki

Hotels
Europa €€
2010 eröffnetes Haus mit 36 im Designer-Stil eingerichteten Zimmern, Spa mit Jacuzzi, Fitnesscenter.
- Ag. Athanasiou 12 | Kastoria
Tel. 24 67 02 38 26
www.europahotelkastoria.gr

Orestion €
Nahe beim Rathaus, 20 einfache, funktionell eingerichtete Zimmer mit TV und Klimaanlage.
- Platia Dawaki | Kastoria
Tel. 24 67 02 22 57
www.hotelorestion.gr

Vergina 7 ★ [C3]

Es muss für den Archäologen Manolis Andronikos ein aufregender Moment gewesen sein, als er 1977 unter den unscheinbaren Hügeln des Dorfes Vergina drei nahe beieinanderliegende Gräber fand. Eines davon war bereits Jahrhunderte zuvor geplündert worden, das **Königsgrab** aber war unversehrt. Darin fand Andronikos ! Schätze von unvorstellbarem Wert. Die goldenen und silbernen Grabbeigaben ließen ihn vermuten, die letzte Ruhestätte des makedonischen Königs Philipps II. entdeckt zu haben. Philipp, der Vater Alexanders des Großen, war nach seiner Ermordung 336 v. Chr. in Vergina bestattet worden, obwohl damals schon Pella die makedonische Hauptstadt war.

Die beiden anderen Gräber waren vermutlich für weitere Angehörige der Königsfamilie bestimmt. Die Forschungsarbeiten dauern noch an. Die Gräber schützt eine riesige flache Kuppel aus Erde. Hinter dickem Glas, in klimatisierter Luft und gedämpftem Licht erheben sich die Fassaden der mit schweren Marmortüren verschlossenen Gräber. Zu den Fundstücken zählen die Gebeine des Königs, elfenbeinerne Porträts der Familienmitglieder, ein goldener Eichenkranz, ein Diadem aus goldenen Blüten, Beinschienen und ein Brustpanzer aus Gold (Mo 10 bis 20, Di–So 8–20, Nov.–März Di bis So 9–15 Uhr, www.aigai.gr/en).

Oberhalb des Dorfes sind ein weiteres Makedonische Grab, ein Palast aus dem 3. Jh. v. Chr. sowie ein Theater zu besichtigen. Im Theater wurde Philipp II. während der Hochzeitsfeier seiner Tochter erdolcht (Öffnungszeiten wie oben).

Pella 8 ★ [C2]

410 v. Chr. ließ König Archelaos die Hauptstadt des makedonischen Reichs von Aigai (Vergina) nach Pella verlegen. Im Palast unterrichtete Aristoteles den jungen Alexan-

der. Spaziert man über die Ausgrabungsstätte, gewinnt man einen guten Eindruck vom Glanz der alten Zeit. Gut erhalten sind Darstellungen einer Hirschjagd und der Entführung der schönen Helena. Im Museum sind Mosaike ausgestellt, sie zeigen u. a. Alexander den Großen im Kampf mit einem Löwen (Mo 12–20, Di–So 8–20 Uhr, Tel. 23 82 03 11 60, Kombi-Ticket 8 €).

Thessaloniki [D3]

Die mondäne Hauptstadt (ca. 1 Mio. Einw.) der griechischen Provinz Makedonien liegt am Thermäischen Golf und ist eine der wichtigsten Kultur-, Messe- und Universitätsstädte des Landes. Hier lässt sich die Entwicklung der byzantinischen Kirchenarchitektur studieren, und hier protzt der Boulevard Tsimiski mit exklusiven Boutiquen.

Stadtspaziergang

Vom 13. bis 15. Jh. gehörte die Stadt zu Byzanz. Entdecken Sie auf einem Stadtspaziergang die Spuren dieser Zeit. Achtung: Einige Kirchen sind von 12 bis 17 Uhr geschlossen. Beginnen Sie die ca. dreistündige Tour morgens oder spätnachmittags.

Ausgangspunkt ist der **Weiße Turm A** [b2], Startpunkt der Stadtrundfahrten mit dem Bus. Er wurde im 15. Jh. als Teil der Stadtmauer am Meer errichtet. In dem einstigen Gefängnis befindet sich ein Museum zur Stadtgeschichte. Auch hinter der Backsteinfassade der Basilika **Agia Sofia B** [b2] verbergen sich Kunstschätze. Im Inneren fällt der Blick auf ein goldgrundiges Mosaik aus dem 9./10. Jh. Tiefernst blickt Maria mit dem Christuskind im Arm dem Betrachter entgegen. Das in Gold-, Blau- und Grüntönen gehaltene Mosaik der Kuppel stammt aus dem 9. Jh.: Die Apostel, unter hohen Bäumen stehend, beobachten die Himmelfahrt Christi. Die zentrale Platzierung des Mosaiks in der Apsis zeugt von der Verehrung, die der Muttergottes in Griechenland entgegengebracht wird.

Aus der römischen Vergangenheit der Stadt ist der **Galeriusbogen C** [b2] erhalten. Kaiser Galerius hatte ihn 303 zur Erinnerung an seinen Sieg über die Perser errichten lassen. An den beiden Pfeilern

Demetrioskirche in Thessaloniki

Thessaloniki **Nordgriechenland**

des Triumphbogens ist der Reliefschmuck mit Szenen aus dem Perserfeldzug sehenswert.

Der Bogen war ursprünglich mit der **Rotunda** D [c2] verbunden. Der Rundbau wurde 306 wohl als Grabmal für Kaiser Galerius erbaut. Ende des 4. Jhs. wandelten die Christen das Bauwerk in die Kirche Agios Georgios um, im 16. Jh. benutzten es die Türken als Moschee.

Die fünfschiffige Basilika **Agios Dimitrios** E [b1] ein paar Straßen weiter ist Hauptkirche der Stadt und dem hl. Demetrios geweiht, dem Schutzpatron der Stadt. Im Jahr 303 soll er den Märtyrertod gestorben sein. An der Stelle, wo vermutlich sein Kerker gestanden hat, errichtete man im 5. Jh. eine erste Kapelle. Die später erbaute Basilika war im Mittelalter ein beliebtes Pilgerziel. Der auffällige Marmorkuppelbau in einem der Seitenschiffe birgt einen ! Silbersarkophag mit den Gebeinen des Heiligen.

Nahe der Kirche liegen die Reste der **Römischen Agora** F [b1]. Auf dem antiken Marktplatz sind die Sitzreihen eines Odeons sowie Mosaikfußböden zu bewundern.

Im Park unterhalb reckt die **Panagia Chalkeon** G [b1] ihre drei Kuppeln zwischen Palmen hervor. Die eindrucksvolle byzantinische Kreuzkuppelkirche stammt aus dem 11. Jh.

Thessaloniki

- A Weißer Turm
- B Agia Sofia
- C Galeriusbogen
- D Rotunda
- E Agios Dimitrios
- F Römische Agora
- G Panagia Chalkeon
- H Markthallen
- I Platia Aristotelous
- J Ladadika-Viertel
- K Archäologisches Museum
- L Museum für Byzantinische Kultur
- M Oberstadt
- N Moni Vlatadon

Shopping

Extravagante Mode, schicke Schuhe und flippige Designerkleider finden Sie in den Boutiquen der Straßen Mitropoleos und Tsimiski. Die **Markthallen** ❽ [b2] in der Irakliou und der Basar ❗ quellen über von Fisch und Fleisch, von bunten Früchte- und Gemüsebergen.
- Tgl.; Mo, Mi, Sa nur bis 14.30 Uhr

Über den Park und die daran anschließende Odos Aristotelous hinweg sieht man zum Meer. Die Straße endet an der eleganten **Platia Aristo-**

> ! **Erstklassig**

Gratis entdecken

- **Akropolismuseum:** Frei ist der Eintritt für Personen unter 18 und Studenten mit Ausweis. › **S. 56**
- **Bootstour:** Beim weißen Turm in Thessaloniki › **S. 82** legen die knarrenden Kähne zu einer etwa 30-minütigen Rundfahrt ab. Die Fahrt ist gratis, aber ein Getränk (ab 4 €) Mindestverzehr.
- **Kirche Agios Dimitrios:** In der Krypta von Thessalonikis großer Kirche sind Ausgrabungen aus mehreren Jahrhunderten kostenfrei zu sehen. › **S. 83**
- **Olympia** › **S. 101**, **Knossos** › **S. 135** und andere Top-Attraktionen können an einigen Tagen gratis besichtigt werden (Info http://odysseus.culture.gr bei den jeweiligen Sehenswürdigkeiten).
- **Angelokastro:** Der Burgfelsen auf Korfu bietet gratis eine fantastische Aussicht. › **S. 147**

telous ❶ [b2], die sich zum Meer hin öffnet. In der Bar des Electra Palace Hotel › S. 85 oder im schicken Olympion gegenüber kann man abschließend bei einem *café oriental* entspannen.

Ladadika-Viertel ❿ [a2]

Ein anderes Gesicht zeigt Thessaloniki im Ladadika-Viertel, das sich westlich an den Freiheitsplatz, die Platia Eleftherias, anschließt. Extravagante Tavernen und Bars locken Nachtschwärmer ins ehemalige Rotlicht- und aktuelle In-Viertel, am Tag werden in uralten kleinen Läden Kaffee und Mehl verkauft.

Restaurants

Taverna Ouzeri 1901 €€€
Traditionelle Küche mit orientalischen Einflüssen. Abends auch Livemusik.
- Kontouni 9 | Ladadika
Thessaloniki
Tel. 23 01 55 31 41

Zythos €€€
Bar und Restaurant, Spezialität: *souzoukakia*.
- Katouni 5 | Ladadika
Thessaloniki | Tel. 23 10 54 02 84
www.zithos.gr/en/

Ouzeri Ta Ladadika €€
Hier gibt es Rembetiko live.
- Likurgou 4 | Thessaloniki

Archäologisches Museum ⓚ [c3]

Hier sind Funde aus ganz Nordgriechenland zu sehen – von prähistorischen Vasen bis zu römischen Fußböden. Glanzstück ist der »Krater aus Derveni«, ein Weinmischkrug mit der Darstellung des Weingotts Dionysos. Zur Einstimmung sind die teils englischsprachigen Videos auf der Homepage geeignet (Manoli Andronikou 6, tgl. 8–20 Uhr, www.amth.gr).

Museum für Byzantinische Kultur L

Das ! sehenswerte Museum liegt gegenüber in der Stratou-Straße. Kulturelle, soziale und religiöse Aspekte des Lebens im Byzantinischen Reich werden anhand von Ikonen, Schmuck und anderen Exponaten beleuchtet. Auch aus der Zeit nach der Eroberung Thessalonikis durch die Osmanen sind kostbare Stücke erhalten, darunter Keramik für alltägliche Arbeiten ebenso wie feinste Stickereien auf goldfarbenen Messgewändern (April–Okt. tgl. 8–20, Nov.–März 9–16 Uhr www.mbp.gr). **50 Dinge 30 › S. 15.**

Oberstadt M [c1]

Einen Panoramablick über Thessaloniki und den Golf genießt man von der Oberstadt. An der Platia Eleftherias fährt der Bus Nr. 23 (Eptapirgiou) in den am Hügel gelegenen Teil der Stadt, der sich seinen dörflichen Charme bewahrt hat. Zu Füßen der Zitadelle gibt es zwischen den Resten der gut erhaltenen byzantinischen Stadtmauer und kleinen weißen Häusern Tavernen und Kafenia unter schattigen Bäumen.

Etwas unterhalb steht das einzige der Stadt verbliebene Kloster: **Moni Vlatadon** N aus dem 14. Jh. besitzt einen Garten voller Blumen.

Info

Touristeninformation
- Tsimiski 136 (oberhalb Weißer Turm) Thessaloniki | Tel. 23 10 25 21 70
- Platia Aristotelou | Thessaloniki Tel. 23 10 22 90 70
- www.thessaloniki.travel/en/

Verkehr
- **Flughafen:** 16 km südlich, Bus Nr. 78 ab Hauptbahnhof.
- **Schiffsverbindungen:** nach Lesbos, Chios und Samos
- **Busverbindungen:** Thessaloniki hat zwei Busbahnhöfe: Richtung Athen/Ioannina: ab Zentralstation Makedonia, Iannitson 194 (ab Flughafen, Bahnhof und Weißem Turm mit Bus Nr. 78). Richtung Chalkidiki: mit Bus Nr. 45 ab Egnatia bis zur Endstation, dann noch eine Station weiter mit Bus Nr. 36 bis zum KTEL-Busbahnhof für die Chalkidiki (www.ktel-chalkidikis.gr).

Innerstädtischer Verkehr: Sehr gutes Busnetz (www.oasth.gr), wegen des U-Bahn-Baus gibt es viele Baustellen.
Stadtbesichtigung: Hop-on/Hop-off-Bus 50 fährt vom Weißen Turm zu 16 Sehenswürdigkeiten und endet auch am Weißen Turm.

Hotels

Electra Palace €€€
Luxushotel mit 130 stilvoll renovierten Zimmern. Von der Pool-Bar Meerblick.
- Platia Aristotelous 9 Thessaloniki | Tel. 23 10 29 40 00 www.electrahotels.gr

City €€
Zentral, mit Bar und Restaurant. Helle, freundliche Zimmer mit Schallschutzfenstern, Heizung bzw. Klimaanlage.

Nordgriechenland Ausflug nach Edessa

Kloster Agios Panteleimonos am Berg Athos

- Komninon 11 | Thessaloniki
  Tel. 23 10 26 94 21 | www.cityhotel.gr

Tourist €€
Zentral gelegen, mit nostalgischem Flair.
- Mitropoleos 21 | Thessaloniki
  Tel. 23 10 27 05 01
  www.touristhotel.gr

Restaurant
Ouzeri Aristotelous €€
❗ Große Auswahl an *mezedes*. Etwas versteckt in einem alten Hof gelegen.
- Platia Aristotelous 8 | Thessaloniki
  Tel. 23 10 23 07 62

Markthallen €
An Imbissständen und in kleinen Tavernen kann man gut und günstig Souvlaki, Fisch und Moussaka essen.
- Irakliou/Komninon | Thessaloniki

Nightlife
Außer im **Ladadika-Viertel** › S. 84 kann man die Nacht auch im **O Mylos** durchfeiern: Der Kulturkomplex in einer alten Mühle bietet Restaurants, ein Rock-Café, Ausstellungsräume, ein Open-Air-Kino und eine Freiluftbühne (Andreou Georgiou 56, Ortsteil Neapoli, www.mylos.gr).

Ausflug nach Edessa 10 [C2]

Abwechslung zum Häusermeer der Stadt bietet ein Trip nach Edessa, ca. 80 km westlich. Die Straße über Giannitsa führt Sie durch fruchtbares Land, Pfirsiche reifen an kleinen Bäumen. Edessa durchziehen Bäche, die Attraktion ist ein Wasserfall, an dem Tavernen, umgeben von Oleander, zum Verweilen einladen.

Chalkidiki [D/E3]

Mit ihren drei Fingern Kassandra, Sithonia und Athos ist die Chalkidiki eine beliebte Ferienregion mit Bergen und Buchten, kleinen Dörfern und lebhaften Touristenstädtchen. Sie ist seit uralten Zeiten bewohnt, wie die **Tropfsteinhöhle von Petralona** 11 [D3] beweist. Dort fand man Knochenreste ausgestorbener Tiere, eine urzeitliche Feuerstelle und den Schädel eines Steinzeitmenschen (tgl. 9–16 Uhr, www.petralona-cave.gr, aee.gr).

Halbinsel Kassandra

Wege führen durch duftende Pinienwälder und silbriggrüne Olivenhaine, Sandstrände laden zum Baden ein. Für die ganze Chalkidiki sind Wanderwege ausgeschildert, etwa der reizvolle Kassandra-Höhenweg von Agia Paraskevi bis Kassandrino. An der Westküste lockt der Sandstrand von **Sani** 12 [D3]: ❗ lang, flach abfallend, türkisfarbenes Wasser. An der Ostküste finden Sie lebhafte Ferienorte wie **Kalithea** 13 [D3]

Karte S. 75

Chalkidiki **Nordgriechenland**

mit einem großem Wassersportangebot und Diskotheken, ebenso wie das ruhigere Dorf **Afitos** 14 [D3], zu dessen kiesiger Badebucht Sie über eine steile Straße gelangen.

Halbinsel Sithonia

Neos Marmaras 15 [E3] ist ein Touristenzentrum mit schmalem Strand, dafür umso mehr Pensionen und Tavernen. Ganz anders präsentiert sich das nahe **Parthenonas,** wo die verlassenen Häuser nach und nach wieder liebevoll hergerichtet werden. Der Badeurlaub kann hinter dem von Felsen eingerahmten Naturhafen von **Porto Koufos** so richtig losgehen: Vor der blendend weißen Bucht von **Kalamitsi** 16 [E3] ! mit karibischem Flair kann man sogar zu einem Wrack tauchen (www.kalamitsi.com; www.aqualand.gr). Im nahen **Sarti** locken Tavernen und ! Cafés am Strand. Ein guter Standort für Ausflüge ist auch **Ormos Panagias/Agios Nikolaos.**

Berg Athos 17 ⭐ [E3]

In **Ormos Panagias** und **Ouranoupoli** 18 [E3] legen Boote zum heiligen Berg ab. An Land sperrt ein Zaun die Landzunge ab. Die Geschichte der Mönchsrepublik reicht bis in das 7. Jh. zurück, unter dem Schutz des byzantinischen Kaisers wuchs die Gemeinschaft im 15. Jh. auf 40 000 Mönche an. Heute gibt es noch ca. 2000 Mönche in 20 Klöstern. In der griechischen Verfassung genießt Athos als selbstverwalteter Teil des Staates einen Sonderstatus.

Nur zehn nicht-griechische Männer dürfen pro Tag einreisen. Für Frauen ist der heilige Berg tabu. Nach wie vor gilt, dass keine »weichgesichtigen Personen« die Heiligkeit des Athos stören dürfen. Ihnen bleibt nur der Ausflugsdampfer. Manche Klöster scheinen in ganz andere Länder und Epochen zu gehören, wie das **Agios Panteleimonos** (11. Jh.) mit seinen grünen Zwiebelkuppeln. Tatsächlich leben dort bis heute russische Mönche (www.inathos.de). **50 Dinge** 26 › S. 15.

Olimbiada 19 [E3]

Felsbuchten und Sandstrände umgeben den kleinen Ort an der Ostküste der Chalkidiki, der erholsame Ferien verspricht. Am Strand geht es gemächlich zu. In den Tavernen dahinter wird griechische Hausmannskost serviert. Südlich des Ortes erstreckt sich die kleine Halbinsel **Liotopi**, auf der Archäologen eine Siedlung aus archaischer Zeit freilegen, vielleicht handelt es sich dabei gar um die Geburtsstadt des Philosophen Aristoteles.

Info

Chalkidiki Hotel Association
Gute Infos, auch zu Sehenswürdigkeiten und Wanderwegen.
• Odos G. Papandreou 33 | Thessaloniki
  Tel. 23 10 42 90 20/21/22
  www.halkidiki-hotels.gr

Pilgerbüro von Athos
Wer die Mönchsrepublik Athos besuchen möchte, muss sich hier anmelden.
• Christos Lolis
  Egnatia 109 | 54635 Thessaloniki
  Tel. 23 10 25 25 78
  athosreservation@gmail.com

Nordgriechenland Chalkidiki, Arnea, Korinos

Karte
S. 75

Deutsches Generalkonsulat
Verschickt ein Infoblatt über Athos und informiert über die Einreiseformalitäten.
- Leoforou Megalou Alexandron 33
  54641 Thessaloniki | Tel. 23 10 25 11 20
  www.griechenland.diplo.de, › Konsularisches und Visa

Hotels
Afitis €€€
Kleines, aber feines Boutiquehotel am Meer, mit Pool. Ein Ort zum Wohlfühlen!
- Afitos | Kassandra
  Tel. 23 74 09 12 33
  www.afitis-hotel.gr

Akti Ouranoupoli €€
Elegante Hotelanlage direkt am Strand, mit Pool und Spielplatz.
- Ouranoupoli | Athos
  Tel. 237 70 71 59 01
  www.hotel-akti.gr

Haus Despina €€
Einfache Zimmer und Apartments, Dachterrasse mit Grill.
- Sarti | Sithonia
  Tel. 089/46 32 54 (München)
  www.ferienwohnungen-chalkidiki.de

Haus Sofia €€
Kleine und große Wohnungen am Strand, sehr familiär, man fühlt sich zu Hause.
- Sarti | Sithonia
  Tel. (mobil) 0172/514 42 09 (D)
  www.haus-sofia.com

Pension Irini €€
Familiäre Pension in Ouranoupoli. Zimmer mit Sicht auf Athos.
- Ouranoupoli | Athos
  Tel. 23 77 07 14 43
  www.pensioneirini.gr

Sani Beach Hotel €€
❗ Hotel- und und Bungalowkomplex, vom Familienzimmer bis zum Luxusapartment. Großes Freizeitangebot.
- Sani | Kassandra
  Tel. 23 74 09 94 00
  www.sani-resort.com

Nightlife
Sani Festival: Jazz, Theater, Moderner Tanz (Programm: www.sanifestval.gr).
Bougatia: In der Kneipe in Afitos spielen fast jeden Abend lokale Gruppen Livemusik – tolle Stimmung!

Arnea [20] [D3]

Kiefern und Platanen umgeben das Dorf im Holomondasgebirge. Häuser mit auffälligen Erkern säumen die Gassen, an der Platia stehen Teppiche und Honig zum Verkauf. Eine Bademöglichkeit gibt es in Stratoni.

Korinos [21] [C3]

Korinos ist nicht mehr als ein großes Dorf, das bedeutet: griechisches Landleben pur. Auch der Strand eignet sich für Urlauber, die Ruhe suchen.

Verkehr
- **Busverbindungen:** nach Katerini, Athen und Thessaloniki
- **Bahn:** nach Athen und Thessaloniki

Hotel
Kochili €€
1,5 km von Korinos am Strand. Bungalows, Zimmer mit Kochecke, Pool, Taverne.
- Korinos | Tel. 23 51 04 15 76
  www.hotelkochili.gr

Olymp SPECIAL

SPECIAL

Zu den Göttern des Olymp

An klaren Tagen reicht der Blick vom Gipfel des Mytikas weit: Die Sporadeninseln schimmern wie grüne Perlen in der Ägäis, der heilige Berg Athos und der Pindos zeigen ihre Gipfel. Griechenlands höchster Berg ist tatsächlich ein Genuss »für die Götter«. Ein großes Stück Griechenland lässt sich von dort überblicken. Was will man von einem Göttersitz mehr erwarten?

Heimat des Zeus

Im Dorf Litochoro steigen Sie in die Wanderschuhe. Ihr Ziel ist die Wahlheimat des höchsten Gottes der Antike: Zeus regierte von dort oben mit Blitzen, Donnerschlägen und heiligem Zorn die Welt. Auch heutzutage ist eine mystische Stimmung spürbar, wenn sich der Berg in Wolken hüllt und das Licht der Sonne an Stärke verliert.

Über eine Forststraße gelangen Sie zu Fuß, mit Auto oder Taxi von **Litochoro** nach **Prionia**, einer bewirteten Hütte und Maultierstation in 1100 m Höhe, wo der Nationalpark beginnt. Rote Lilien schwanken im Wind, Glockenblumen formen blaue Kissen im Gras, Kiefern säumen den Weg.

Von Prionia aus können Sie den Aufstieg an einem Tag schaffen. Nach drei Stunden bietet die **Berghütte A** Gelegenheit zur Rast. Aus 2100 m Höhe schweift der Blick zum Meer. Die Hütte A wird von der griechisch-deutschen Familie Zolotas bewirtschaftet. Es gibt Zimmer für 6 bis 8 Personen und Schlafsäle (unbedingt reservieren).

Nach weiteren drei Stunden auf dem immer steileren Weg erreichen Sie den Gipfel. Das letzte Stück muss mithilfe der Hände erklettert werden. Erschöpft, aber begeistert stehen Sie auf einem der berühmtesten Berge der Welt.

Wanderweg E 4

Einen Blick in die Küche der Götter können Sie vom Skolio aus werfen, einem weiteren Gipfel des Olymp-Massivs. Der Skolio ist nur 6 m niedriger als der Mytikas und bietet eine direkte Sicht auf den Göttersitz. Manchmal steigen die Wolken aus einem Bergkessel wie Dämpfe um ihn empor.

Auf dem Europa-Wanderweg E 4 erreichen Sie ab Litochoro zunächst die Enipeas-Schlucht und die Berghütte A, dann geht es über den Berg Skala zum Skolio hinauf. Außerhalb der Saison kreuzen manchmal halbwilde Ziegen den Weg. Die Landschaft ist rau, schüttere Grasmatten und graue Felswände prägen den letzten Abschnitt.

Wandern am Olymp

Durch Wälder von Buchen und Kastanien führen Wege zum Gipfel Strango (1900 m) oder zum Skourta (2485 m), der schon an der Baumgrenze liegt. Über die »Hochebene der Musen« geht es zur Christos-Kakalos-Hütte, die vom griechischen Bergsteigerverband EOOA betrieben wird.

Wanderung durch die Vithos-Schlucht

Mit dem Taxi (Preis ca. 25 €) lässt man sich hinauf nach Prionia bringen und wandert durch die Vithos-Schlucht am Kloster Agios Dionissos vorbei in vier Stunden zurück nach Litochoro. Die Strecke ist Teil des E 4. Die letzten Meter geht es an einer Wasserleitung entlang, die Litochoro mit Quellwasser versorgt.

Info

- **Spilios Agapitos** [C3]
Zimmer, Pfade, Infos,
Berghütte A mit 110 Schlafplätzen
I. Olympiou
Litochoro
Tel. 23 52 08 18 00
www.mountolympus.gr/de
- **E.O.S.**, Griechischer Alpenverein
Tel. 23 52 08 24 44
- **E.O.O.A.** [E6]
Griechischer Bergsteigerverband
Milioni 5 | Athen
Tel. 21 03 64 59 04
www.eooa.gr
- **Management Agency of Olympus National Park**
Tel. 23 52 08 30 00
www.olympusfd.gr

Auf zum Mytikas

Wer den Berg bezwingen will, muss trittsicher und schwindelfrei sein. Eine Besteigung ist erst im Frühsommer möglich, denn erst ab Mitte Juni liegt am Gipfel kein Schnee mehr. Im Juli und August versperrt oft Dunst die Aussicht. Auch für Wanderungen sollten Sie feste Schuhe, Regenbekleidung, genügend Trinkwasser und Sonnenschutz mitnehmen und unbedingt auf den markierten Wegen bleiben! Melden Sie sich vor Ihrer Tour im Nationalpark beim Griechischen Alpenverein E.O.S. in Litochoro oder bei der örtlichen Polizei an und anschließend wieder ab.

Karte S. 74 — Dion, Olymp, Ambelakia, Meteora **Nordgriechenland**

Dion 22 [C3]

Das Heiligtum der Makedonen liegt am Fuß des Olymp. Achten Sie beim herrlichen Spaziergang durch die große Anlage, einst kulturelles Zentrum der Makedonier, auf die Mosaike in den Thermen. Beim Heiligtum von Demeter und Asklepios stehen elegante Statuen auf Sockeln. Angeschlossen ist ein Museum.

Olymp 23 [C3]

Aus dem Olymp-Massiv ragt der höchste Berg Griechenlands heraus, der 2917 m hohe **Mytikas**. Beeindruckt von seiner Höhe, glaubten die Griechen, das majestätische Gebirge sei der Sitz der Götter. Wie Sie den Mytikas besteigen › **Special S. 89**.

Hotels

Aphroditi €
Hübsches Haus mit einfachen Zimmern.
- Enipeos 1 | Litochoro
  Tel. 23 52 08 14 15
  www.arhontiko-aphrodite.gr

Enipeas €
An der Platia, mit Aussicht in die Vithos-Schlucht, einfache Zimmer.
- Enipeos 2 | Litochoro
  Tel. 23 52 08 43 28
  www.hotel-enipeas.gr

Ambelakia 24 [D4]

Wo sich das Tembi-Tal zur thessalischen Ebene hin öffnet, führt eine Abzweigung von der Schnellstraße hinauf in das abgelegene Bergdorf. Abends sitzen vor den Tavernen die alten Männer zusammen. Einst war das Dorf durch seine Färbereien und Spinnereien zu Wohlstand gelangt. Davon zeugen noch seine *archontika,* traditionelle Herrschaftshäuser. Im 18. Jh. gründeten die Ambelakioten die erste Produktionsgenossenschaft, ihr Präsident war Jorgos Mavros. Sein Haus fungiert heute als **Museum**. Wandmalereien und Schnitzereien prägen die Gesellschaftsräume, die Küche ist bäuerlich eingerichtet.

Hotel

Ennea Mouses €€
Behagliches *archontiko,* nur in Pantoffeln zu betreten! 10 Zimmer.
- Ambelakia | Tel. 24 95 09 34 05 oder Tel. 24 95 09 33 33

Meteora 25 ⭐ [C4]

Die dunkelgrauen Felstürme, die fast senkrecht über 300 m aus der Ebene herausragen, sind vor Jahrmillionen durch Erosion und Erdbeben entstanden. Bereits vor rund 1000 Jahren ließen sich die ersten Eremiten dort nieder. Daraus entwickelte sich eine Mönchsgemeinschaft, die im 14. Jh. mit dem Bau der Klöster begann. Um Gott näher und vor ungebetenen Gästen sicher zu sein, errichtete der Mönch Athanasios Kinovitis auf dem höchsten Felsen das **Megalo Meteoro,** das »Große, zwischen Himmel und Erde Schwebende«. Es entstand ein Komplex von insgesamt 24 Klöstern, die jedoch im 17. Jh. wegen interner Streitereien und Repressalien der Türken verfielen. Heute sind nur

Nordgriechenland Meteora

📍 Karte S. 74

Innenhof im Megalo Meteoro

noch fünf bewohnt. Besucher erreichen sie über eine Straße. Die Klöster sind mit kunstvollen Fresken und Ikonen geschmückt.

In **Kalambaka** und **Kastraki** in der Nähe der Klöster gibt es Hotels, Tavernen und Souvenirshops.

Agios Nikolaos Anapafsas

Das von Kastraki aus erste Kloster (1368) thront wie eine Festung auf dem Gipfel. Ein Seilaufzug wird zum Lastentransport benutzt. Früher waren die Klöster nur über Strickleitern oder Seilwinden zugänglich – heute gibt es Treppen und Brücken.

Megalo Meteoro

Das größte Kloster (ab 1356) ist zugleich auch das meistbesuchte. Es liegt auf 623 m Höhe. Eindrucksvoll sind die düsteren Fresken mit Märtyrerdarstellungen und die Bibliothek mit alten Schriften (Do–Mo 9–16/17 Uhr). Im Shop des Klosters gibt es hübsche Ikonen.

Agia Triada

Auf dem Weg von Kastraki zu Agios Stefanos passiert man das Dreifaltigkeitskloster **Agia Triada** (Hauptkirche von 1476, Fr-Di 10–16/17 Uhr). Die atemberaubenden Abgründe bildeten die Kulisse für den James-Bond-Film »In tödlicher Mission«.

Info
- Die **Öffnungszeiten** der Klöster ändern sich häufig. Aktuelle Besucherinfos unter http://odysseus.culture.gr.
- Zur Besichtigung der Klöster müssen Frauen einen **langen Rock** tragen und die Schultern bedecken. Für Männer sind **lange Hosen** Vorschrift.
- Präfektur in Kalambaka: Tel. 24 32 02 26 49;
- im Internet: www.visitmeteora.travel, www.kalampaka.com

Verkehr
- **Busverbindungen:** nach Kastraki, Ioannina, Kosani, Trikala
- **Bahn:** nach Trikala und Volos

Hotels
Alsos House €€
Beliebte Pension mit Blick auf die Felsen, Studios und 4-Bett-Zimmer.
- Kanari 5 | Kalambaka Tel. 24 32 02 40 97 www.alsoshouse.gr

Batalogianni €
Familiäre Pension mit guter Taverne, unterhalb der Kirche gelegen.
- Kastraki | Tel. 24 32 02 32 53

Mistras, eine byzantinische Ruinenstadt an den Ausläufern des Taygetosgebirges

PELOPONNES

Kleine Inspiration

- **Wie ein Sportstar für ein Foto posieren** im Stadion des antiken Olympia › S. 102
- **Eine Wanderung unternehmen** von Dimitsana aus durch die wildromantische Lousios-Schlucht › S. 104
- **Eine Theateraufführung besuchen** im Theater von Epidavros – auch ohne Griechischkenntnisse ein Erlebnis › S. 108
- **Einen griechischen Kaffee (mit Satz!) trinken** am Hafen von Nafplio › S. 109
- **In einem historischen Wohnturm nächtigen** – in Areopoli oder Vathia auf der Mani › S. 113

Peloponnes Tour 7–9

Großartige Zeugnisse der Antike in Olympia, Mykene und Epidavros, abgelegene Klöster und tiefe Schluchten im Bergland Arkadiens, venezianisches Flair in Nafplio, trutzige Wohntürme auf der Mani.

Der Peloponnes zählt zu den geschichtsträchtigsten Regionen Griechenlands. Von **Patras** ist das Highlight des Westpeloponnes, das antike **Olympia,** bald erreicht. An den Sandstränden der Westküste oder in den Spas moderner Wellnesshotels in **Loutra Killini** können Sie sich dann von der Besichtigung erholen.

Ab durch die Mitte geht es zu den Bergdörfern **Arkadiens,** einer guten Gegend für Wanderer. In der Argolis auf dem Ostpeloponnes beeindrucken die Kyklopenmauern mykenischer Festungen. Schlendern Sie gemütlich durch die Ruinen von **Korinth** und lauschen Sie abends auf den Rängen des Theaters von **Epidavros** den Schauspielern. Rund um das pittoreske Städtchen **Nafplio** laden nach dem Stadtbummel und der Besteigung des Burgfelsens malerische Felsbuchten zum Schwimmen und Schnorcheln ein.

In der Präfektur **Lakonia** schließlich findet man Stille und Erholung, nehmen Sie sich Zeit für eine Wanderung durch die byzantinische Ruinenstadt **Mistras**. Tief im Süden des Peloponnes können Sie in einem der trutzigen Wehrtürme der entlegenen **Mani** ein originelles Quartier beziehen. Reizvoller Kontrast dazu ist das lebhafte **Githio,** in dessen Fischerhafen bunte Boote, die *kaikia,* dümpeln.

Touren in der Region

Korinth, Mykene und Epidavros

Route: Alt-Korinth › Mykene › Nafplio › Epidavros › Korinth

Karte: Seite 96
Länge: 4 Tage, ca. 200 km
Praktischer Hinweis:
- Wer lieber an einem Standort bleiben möchte, statt jeden Tag umzuziehen, findet im Städtchen Nafplio › S. 109 einen guten Ausgangspunkt für die Tour mit vielen Quartieren.

Tour-Start:

Klassische Bildungsreisende werden von dieser Tour schwärmen: **Alt-Korinth** 9 › S. 105 und die Säulen des Apollontempels, der Ring der Gräber von Mykene, dazu Epidavros mit seinem Theater und dem

Tour 7: Korinth, Mykene und Epidavros **Peloponnes**

Asklepionheiligtum sorgen für unvergessliche Eindrücke aus der Antike. Aber Sie müssen gar nicht mit Homer im Koffer reisen! Nehmen Sie das erste Etappenziel Korinth sportlich und statten Sie dem Burgberg zu Fuß einen Besuch ab. Zücken Sie die Kamera und freuen Sie sich auf Säulenkapitelle zwischen Blumen, Schafherden am Straßenrand und die Burghügel der Argolis.

Wenn Sie von Korinth zeitig nach **Mykene** 10 › **S. 106** aufbrechen, stehen Sie nicht so lange an und entgehen der Mittagshitze. Und versäumen Sie nicht das Schatzhaus des Atreus! Von Mykene ist es nicht mehr weit bis **Nafplio** 12 › **S. 109,** das sich mit seinen netten Pensionen hervorragend als Ausgangspunkt für die weiteren Touren anbietet. Schlendern Sie durch die Gassen, trinken Sie auf der marmorgepflasterten Platia Sintagmatos einen Frappé und schauen Sie am Hafen hinaus zur Insel Bourdzi – so lässt man es sich in Nafplio gut gehen. Tummeln Sie sich in den Fluten nahe der Stadt oder beim Ferienort **Tolo** 13 › **S. 111.**

Dann ist es Zeit für einen besonderen Höhepunkt: **Epidavros** 11 › **S. 108.** Die Akustik im Theater ist faszinierend, der Blick in die friedvolle Landschaft grandios. Der Besuch einer Aufführung im Theater, das aus dem 4. Jh. v. Chr. stammt, bleibt unvergesslich. Entlang der Küste führt der Weg dann zurück nach Korinth, der Saronische Golf schiebt sich in den Blick, bei klarer Sicht sind die vorgelagerten Inseln zu erkennen.

Das berühmte Löwentor, der imposante Eingang zur Burg von Mykene

 Olympia und Arkadien

Route: Patras › Loutra Killinis › Olympia › Lagadia › Dimitsana › Vitina › Nafplio

Karte: Seite 96
Länge: 3 Tage; ca. 200 km
Praktischer Hinweis:
Vor allem zwischen Olympia und Nafplio bieten sich Fotostopps an.

Tour-Start:

Mit diesem Teil des Peloponnes haben Sie Griechenland »en miniature« vor sich: das Chaotische in Patras, das Bäuerliche in den Dörfern, das Klassische in Olympia. Lassen Sie das laute **Patras** 1 › **S. 99**

Peloponnes Tour 8: Olympia und Arkadien

hinter sich und fahren Sie durch eine mediterrane, bäuerliche Landschaft voller Zypressen und Macchia nach **Loutra Killinis** 2 › S. 100. Der ruhige Ort lockt zum Baden, am Strand und in Thermalquellen. So kommen Sie ganz entspannt in **Olympia** 3 › S. 101 an, wo Sie übernachten sollten. Brechen Sie aber früh auf und frühstücken Sie gut: Bei der ausgedehnten Grabungsstätte wird Ihnen Ausdauer abverlangt, vor allem, wenn Sie im antiken Stadion selbst von der Start- zur Ziellinie laufen wollen. Im Museum warten andere Highlights: Umrunden Sie den marmornen Hermes des Praxiteles, aus jeder Perspektive eine Pracht. Auf der Fahrt durch die Bergdörfer Arkadiens bieten sich immer wieder fantastische Ausblicke. Besonders imposant: der Blick über die Schlucht von der Aussichtsterrasse im Dorf **Lagadia** 4 › S. 104. In **Dimitsana** 5 › S. 104 lernen Sie die traditionelle Architektur eines Bergdorfs kennen und können auf

Touren auf dem Peloponnes

Tour 7

Korinth, Mykene und Epidavros Alt-Korinth › Mykene › Nafplio › Epidavros › Korinth

Tour 8

Olympia und Arkadien Patras › Loutra Killinis › Olympia › Lagadia › Dimitsana › Vitina › Nafplio

Tour 9

Süden mit Mani und Mistras Nafplio › Githio › Mani › Mistras

Tour 7–9 **Peloponnes**

Peloponnes Tour 9: Süden mit Mani und Mistras

Klassizistische Bauten an der Platia Sintagmatos, dem Hauptplatz von Nafplio

alten Maultierpfaden wandern. In **Vitina** 6 › S. 104 kann man vom Salatbesteck bis zum Hirtenstab alles erwerben, was sich aus Holz schnitzen lässt. Nach einer Übernachtung in Vitina geht es am nächsten Tag entlang der Menalon-Berge über Tripoli nach **Nafplio** 12 › S. 109, wo Sie Anschluss an die **Touren** 7 › S. 94 und 9 › S. 98 haben.

Süden mit Mani und Mistras

Route: Nafplio › Githio › Mani › Mistras

Karte: Seite 96
Länge: 3–4 Tage; 260 km
Praktischer Hinweis:
Eine klassische Autotour, als Mietwagen-Rundreise auch ab Kalamata Flughafen (Charterflüge im Sommer).

Tour-Start:

Diese Tour ist ein echter Augenschmaus! Ganze Städte und Landschaften des südlichen Peloponnes breiten sich vor Ihnen aus, aber auch die Details sind Hingucker. Das charmante Städtchen **Nafplio** 12 › S. 109 zählt mit seiner geschlossenen Altstadt zu den hübschesten Städten des ganzen Landes. Auf der Fahrt am Argolischen Golf entlang nach Leonidio sind die Ägäis und die Abhänge des Parnongebirges Ihre ständigen Begleiter. Bei Paralia Astrou heißt es anhalten und sich in die Wellen stürzen. Bei Astros lohnt ein Abstecher zum weißen Nonnenkloster Loukous mit Blumengarten, prächtigen Fresken und einem Mosaikboden aus dem 12. Jh. Das alte Bergdorf Tiros und der winzige Weiler Sapounakeika schmiegen sich oberhalb der Küste an die Hänge. Von dort oben ist die Aussicht auf den Golf fantastisch. Auf der Weiterfahrt geht es quer durch die

Karte S. 96

Patras **Peloponnes**

Berge nach **Githio** 15 › S. 112. An seiner Uferpromenade hängen die Tintenfische zum Trocknen auf der Leine. Hier können Sie übernachten und von hier aus den Süden erkunden, die einsame Mani › S. 113 mit ihren von Geschlechterfehden zeugenden hohen Wohntürmen. Die sensationell gelegene Ruinenstadt **Mistras** 14 › S. 111 setzt einen Paukenschlag zum Abschluss der Tour: mit byzantinischen Klöstern im Zypressenhain. Planen Sie hier noch eine Übernachtung ein.

Verkehrsmittel

- Es gibt auf dem Peloponnes zwei Flughäfen: Araxos, 35 km westlich von Patras (Tel. 26 93 05 40 00, www.araxos-airport.gr) und Kalamata (Tel. 27 21 06 38 05, www.hcaa.gr), ansonsten gute Busverbindungen.

Unterwegs auf dem Peloponnes

Patras 1 [C6]

Die 167 000 Einwohner zählende, lebendige Hafenstadt nutzen viele nur als Sprungbrett für ihre Griechenlandtour. Europas Kulturhauptstadt 2006 ist eine der lautesten Städte Griechenlands. Im Hafen legen die Fähren aus Italien an. Dort findet man Eisenbahn, Busstation, Fremdenverkehrsamt, Reisebüros und Autovermieter. Von den Ruinen der fränkischen **Burg** aus dem 13. Jh., die von Venezianern und Türken erweitert wurde, hat man einen reizvollen Blick auf Stadt und Meer.

SEITENBLICK

Kalo Karnavali!

Wenn dickbäuchige Nilpferde durch die Straßen stampfen, eisblaue Pinguine hinterher watscheln und die Leute sich »*kalo karnavali*« wünschen, dann ist Karneval in Patras. Zehntausende Besucher kommen alljährlich, um den spektakulären Umzug zu sehen, die großen Prunkwagen und die fantasievollen Kostüme. Der Karneval wird in Patras bereits seit 1829 gefeiert. Selbst antike Einflüsse werden angenommen: Die Satyrn, bocksähnliche Fruchtbarkeitsdämone, trieben im Geleitzug des Gottes Dionysos ein lockeres Spiel. In der Neuzeit ist der sensationsumwitterte Bourbouli-Tanz beliebt: Dabei tragen Frauen Dominos und schwarze Masken. Angeblich können sie so nach Herzenslust den Männern nachstellen und einiges – nur nicht ihre Masken – abnehmen. Höhepunkt des Treibens ist der Umzug am Sonntag, wenn rund 40 000 Teilnehmer durch die Straßen tanzen und mehr als 20 Prunkwagen anrollen. Abends wird am Hafen unter reger Anteilnahme der Menge der Karneval symbolisch verbrannt. Schiffshörner dröhnen, eine große Clownsfigur wird auf dem Meer in Brand gesteckt, ein Feuerwerk beendet den *patrino karnavali*, den Karneval von Patras.

Peloponnes — Patras, Loutra Killinis

Unbedingt sehenswert ist das 2009 eröffnete **Archäologische Museum** an der Nationalstraße Athen–Patras (Athinon 31, tgl. 8–20 Uhr). **50 Dinge** ㉕ › S. 15.

Info
- **im Internet:** www.patrasinfo.com

Region of Western Greece
- Panepistimiou 254 | 26443 Patras
  Tel. 262 13 62 01 15
  www.western-greece.com

Verkehr
- **Busverbindungen:** nach Rio, Korinth, Pirgos, Olympia, Tripoli, Ioannina und Athen
  Bahnverbindungen: nach Korinth und Athen
  Schiffsverbindungen: nach Igoumenitsa, Korfu, Bari, Ancona und Brindisi

Hotel
Byzantino €€
Kleines Hotel mit Charme und Nostalgie in der Fußgängerzone.
- Riga Feraiou | Patras
  Tel. 26 10 24 30 00
  www.byzantino-hotel.gr

Restaurants
In der Trion Navarchon im Zentrum von Patras gibt es viele Tavernen, die gerne von Griechen besucht werden.

Aptaliko €€
Neben griechischer Küche, Fische und Meeresfrüchten gibt es Livemusik. Die Tische stehen draußen in einer belebten Fußgängergasse.
- Ifestou 36 | Patras
  Tel. 26 14 00 01 38

Ausflug aufs Weingut

In den Bergen oberhalb von Patras liegt das Weingut **Achaia Clauss**, bereits im Jahr 1861 von dem Bayern Gustav Clauss gegründet. Es zählt zu den bekanntesten Griechenlands. Seine Spezialität ist der dunkelrote Mavrodaphne, ein gefragter Dessertwein. Er verdankt seinen Namen der schwarzäugigen Daphne, der Geliebten von Gustav Clauss (8 km vom Zentrum Richtung Kalavrita–Saravali beim Dorf Petroto, auch mit dem Bus erreichbar, tgl. 10–18 Uhr, Führung mit Besichtigung der Weinkeller auf Engl., Anmeldung unter Tel. 26 10 58 01 00, www.achaiaclauss.gr).

Loutra Killinis/ Killini ❷ [B6]

In Loutra Killinis gingen bereits Griechen und Römer zur Kur. Heute haben Sie die Wahl: Genießen Sie die herrlichen Thermalquellen (25 °C) wie einst in einem schwefelhaltigen Naturschlammbad, beschattet von Eukalyptusbäumen und Kiefern. Oder probieren Sie die Wannenbäder im ebenso einfachen wie preiswerten Kurmittelhaus. Beide Anwendungen sollen gegen Bronchitis und Hautkrankheiten helfen. Oder entspannen Sie ganz modern in Griechenlands größtem Wellnessangebot – bei **Killini** lockt hinter den Dünen ein Ferienresort der Superlative mit gepflegtem Spa

Karte S. 96

Olympia **Peloponnes**

und großem Wassersportangebot. Verlockend und ideal für Kinder sind die breiten Badestrände hinter der grünen Dünenlandschaft.

Verkehr
- **Schiffsverbindungen:** von Killini nach Zakinthos und Kefalonia
- **Busverbindungen:** von Gastouni (12 km) nach Patras, Pirgos

Hotels
Helidonia €€€
Auf halber Strecke nach Gastouni in ruhiger Lage. Sehr komfortable Bungalows mit Küche, Meerblick vom Balkon, Schwimmbad. Deutschsprachig.
- Vartholomio
  Tel. 26 23 09 63 93
  www.helidonia.gr

Olympia Oasis €€€
Große Hotelanlage mit komfortablen Zimmern; schmiedeeiserne Möbel im traditionellen Look. Tolle Pool-Landschaft und fantastischer Strand, dazu ein moderner Spa-Bereich.
- Kastro Killinis/Ilia
  Tel. 26 23 06 44 00
  www.olympia-oasis.com

Restaurants
In Arkoudi, 1,5 km von Loutra Killinis, gibt es einige traditionelle Tavernen.

Olympia 3 ⭐ [C7]

Das alte Olympia, umgeben von Eukalyptusbäumen und Pinien, liegt kurz vor dem neuen Dorf, das vorwiegend aus Restaurants, Cafés, Souvenirläden und Hotels besteht. In der nach verheerenden Wald-

Phillippeion in Olympia

bränden vor einiger Zeit nicht mehr ganz so grünen Hügellandschaft, wo die Flüsse Alfios und Kladeos zusammenfließen, fanden 776 v. Chr. bis 393 n. Chr. Olympische Spiele statt. Nehmen Sie sich für das weitläufige Ausgrabungsgelände und das Museum einen ganzen Tag Zeit. Dem olympischen Geist zwischen den ❗ antiken Ruinen spüren Sie am besten frühmorgens oder am späten Nachmittag nach.

Beim heutigen Eingang können Sie einen Blick in die antiken Fitnessstudios werfen: Zwischen den Säulenreihen des Gymnasiums und der **Palästra** trainierten früher Leichtathleten, Boxer und Ringkämpfer.

Im Zentrum des **Heiligen Hains,** der Altis, ragen die Tempel des Zeus und seiner Gemahlin Hera heraus.

Peloponnes Olympia

> **SEITENBLICK**
>
> ### Olympische Spiele
> Auf die Plätze, fertig, los – der Startschuss für die Olympischen Spiele fiel 776 v. Chr. Die Olympioniken von damals waren gemachte Leute: Neben dem Siegerkranz winkten ihnen Gratismahlzeiten, Steuerfreiheit bis ans Lebensende und viel Geld.
>
> Alle vier Jahre – der Zeitraum zwischen den Spielen heißt Olympiade – trafen sich Athleten aus allen Teilen Griechenlands und später aus dem Römischen Reich zum Wettstreit. Während der fünf Tage dauernden Spiele durften keine Kriege geführt werden. Die Wettbewerbe selbst verliefen aber keineswegs immer gewaltlos: So waren beim Allkampf »Pankration« Würgen, Beißen und Augeneindrücken erlaubt. Die Athleten mussten nackt *(gymnos)* antreten, angeblich, weil sich einmal eine Frau heimlich unter die Sportler gemischt hatte. Frauen war die Teilnahme untersagt, sie durften nicht einmal zusehen. Der römische Kaiser Theodosius I. verbot die Spiele 393 n. Chr. als heidnischen Kult, Erdbeben und Überschwemmungen verschütteten das Gelände. Nachdem es Ende des 19. Jhs. freigelegt worden war, initiierte Baron Pierre de Coubertin die Olympischen Spiele der Neuzeit. Interessant nicht nur für Sportfans: Das **Museum der Olympischen Spiele der Neuzeit** im heutigen Dorf Olympia zeigt neben Fotografien auch Medaillen, Plakate und Siegerlisten von 1896 bis heute (Mai–Mitte Okt. tgl. 9–18, Mitte Okt.–April Di–So 10–18 Uhr).

Die Wettkampfstätten und Übungsplätze befinden sich außerhalb.

Die wuchtigen Säulentrommeln des Zeustempels liegen im Gras – die Säulen aus Muschelkalk waren über 10 m hoch. Skulpturengruppen aus parischem Marmor schmückten die beiden Giebel des Tempels (Rekonstruktionen im Archäologischen Museum › S. 103). Die kolossale Zeusstatue aus Holz, Gold und Elfenbein, die im Innern des Tempels thronte, gibt es leider nicht mehr. Der sitzende Zeus, ein Werk des Bildhauers Phidias, zählte einst zu den Sieben Weltwundern der Antike. An diesem größten Tempel der Anlage fand die Ehrung der Olympiasieger statt. Hier stand auch der heilige Ölbaum, von dem die Zweige für die Siegerkränze geschnitten wurden.

Zwischen Hera- und Zeustempel führt der Weg durch einen Torbogen in das **Olympiastadion.** Bis zu 45 000 Zuschauer feuerten die Athleten von Erdwällen aus an. Eine steinerne Tribüne gab es nur für Schiedsrichter und Ehrengäste. Die Start- und Ziellinien markieren noch heute die ursprüngliche Wettlauflänge der Bahn: 192,27 m. Bei den Olympischen Spielen 2004 fand hier das Kugelstoßen statt. **50 Dinge** ⑥ › **S. 12.**

Zu den beliebtesten Fotomotiven im olympischen Hain gehören die Säulen des Heratempels aus dem 6. und 7. Jh. v. Chr., eines der ältesten Tempel Griechenlands. Der Tempel liegt am Fuß des Kronoshügels, wo vor Olympischen Spielen das Feuer mithilfe eines Parabolspiegels entzündet wird.

Arkadien **Peloponnes**

Im Mittelsaal des **Archäologischen Museums** sind die imposanten Giebel des Zeustempels ausgestellt: Der Ostgiebel zeigt das olympische Wagenrennen, das Pelops durch Manipulation gewann, wodurch er zum Herrscher und Namensgeber des Peloponnes wurde. Im Westgiebel ist der Kampf zwischen Kentauren und Lapithen dargestellt, dazwischen bemüht sich Apollon, den Streit zu schlichten. Eine Augenweide ist auch der Hermes des Praxiteles › **Abb. rechts,** ein Meisterwerk klassischer Bildhauerkunst aus dem 4. Jh. v. Chr. (Gelände im Sommer Mo–Fr 8–19, Sa, So 8–15 Uhr, Tel. 26 24 02 25 17; Museum Mo 10–17, Di–Fr 8–19, Sa, So 8–15 Uhr, Tel. 26 24 02 27 42; im Winter Gelände und Museum tgl. 8–15 Uhr).

Hermes des Praxiteles

Verkehr
- **Busverbindungen:** nach Tripoli, Pirgos, Patras, Korinth, Athen

Hotels
Europa €€€
Sehr großes, komfortables Hotel auf einem Hügel oberhalb des Dorfes, Zimmer mit Marmorbädern, Schwimmbad, Restaurant und Bar.
- Drouva 1 | Olympia
  Tel. 26 24 02 26 50
  www.hoteleuropa.gr

Ilis €€
Recht laut, dafür aber zentral gelegen. Moderne Zimmer mit TV, angeschlossen ist ein Restaurant.
- Prax. Kondili 39 | Olympia
  Tel. 26 24 02 25 47
  www.olympiahotels.gr

Restaurant
Symposio €€
Einfache Taverne mit authentischer griechischer Küche.
- Aimiliou Kountse 2 | Archea Olympia

Arkadien

Mit dieser gebirgigen Region im Innern des Peloponnes lernen Sie ein unbekanntes Stück Griechenland kennen. Das sprichwörtliche Idyll war das Zuhause des Gottes Pan, hier spielte er Flöte und vergnügte sich mit den Nymphen. Nur wenige Touristen besuchen die beschaulichen und bis heute recht ursprünglich gebliebenen Bergdörfer, in denen die Zeit stehen geblieben zu sein scheint.

Dimitsana spielte im griechischen Freiheitskampf eine wichtige Rolle

Lagadia [4] [C6]

Das Dorf der Baumeister und Steinmetze bietet gute Übernachtungsmöglichkeiten. Seine mehrstöckigen herrschaftlichen Natursteinhäuser stehen an einer steilen Felswand. Die schmale Aussichtsterrasse über der tief eingeschnittenen Schlucht ist ein beliebter Treffpunkt.

Dimitsana [5] [C7]

Die Natursteinhäuser des Hirtendorfs mit ihren leuchtend roten Ziegeldächern und Holzbalkonen liegen hoch oben auf einer Bergkuppe, unten in der grünen Schlucht rauscht ein Bach.

Bei einem Spaziergang durch die kopfsteingepflasterten Gassen werden Sie bröckelnde Mauern und längst aufgegebene Geschäfte entdecken, deren rostige Rollläden im Wind klappern. Doch nach und nach werden die wackligen Häuser wieder in Schuss gebracht. Die Suche nach Arbeit hat viele der ursprünglichen Einwohner fortgetrieben, aber die meisten kehren am Wochenende und in den Sommerferien in ihr Dorf zurück.

Exil-Dimitsaner haben sich zusammengeschlossen und erreicht, dass der Ort unter Denkmalschutz steht, denn Dimitsana hat Geschichte geschrieben: Während der türkischen Besatzungszeit auf dem Peloponnes wurden dort in geheimen Schulen weiter die griechische Sprache und Geschichte gelehrt.

Auf einem markierten Maultierpfad kann man eine rund sechsstündige Wanderung durch die romantische Lousios-Schlucht unternehmen.

Vitina [6] [C6]

In dem Luftkurort in 1000 m Höhe lässt es sich auch im heißesten Sommer sehr gut aushalten. Vitina ist für seine traditionsreiche Holzschnitzerei bekannt. Beim Besuch der Dorfkirche beeindruckt, mit welcher Kunstfertigkeit das Chorgestühl, die Gebetsbänke und die Altäre einst gearbeitet wurden.

Hotels
Mainalon Art €€€
Ruhig, mit wechselnden Kunstausstellungen. 41 gut ausgestattete Zimmer. Im Garten sitzt man unter Maulbeerbäumen.
- Vitina | Tel. 27 95 02 22 17
  www.artmainalon.gr

Amanites €€
Traditionelles Gästehaus mit Aussicht, Website mit Infos zu Dimitsana.
- Dimitsana | Tel. 27 95 03 10 90
  www.amanites.gr

Restaurants
Dipnosofistes €€€
Das Restaurant im Hotel Mainalon Art interpretiert traditionelle griechische Gerichte neu. Tolles Ambiente: Kunstwerke an Holzwänden.
- Vitina | Tel. 27 95 02 22 17
  www.artmainalon.gr

Maniatis €
In der Taverne neben dem gleichnamigen Hotel werden Aufläufe und Lammgerichte zubereitet. Man sitzt unter einer riesigen Platane.
- Lagadia | Tel. 27 95 04 32 21

Shopping
In **Lagadia** verkauft der Laden an der Straße Landwein, Kräuter, Honig, Käse und eingelegte Früchte. Im Nachbarort **Lefkohori** kann man bunte Webteppiche erwerben. In den Läden um den Kirchplatz von **Vitina** werden Holzschnitzarbeiten wie Hirtenstäbe und Salatbestecke angeboten.

Kalavrita 7 [C6]

Im Dorf **Diakofto** startet die historische Zahnradbahn › **S. 66** zu ihrer Fahrt durch eine enge Schlucht hinauf nach Kalavrita. Das im Frühsommer von schneebedeckten Bergen umgebene Dorf war im Zweiten Weltkrieg Schauplatz eines entsetzlichen Massakers. Als Vergeltung für eine Partisanenaktion trieben deutsche Soldaten am 13. Dezember 1943 alle männlichen Bewohner des Ortes, vom Teenager bis zum Greis, zusammen und erschossen sie. Oberhalb des Dorfes (Schilder: »Site of the Execution«) erinnert eine Gedenkstätte an die Opfer.

Kanal von Korinth 8 [D6]

Der berühmte Kanal trennt den Peloponnes vom Festland. Von der Brücke in 70 m Höhe blickt man direkt auf die enge, 6,3 km lange und 23 m breite Schneise und das tiefblaue Wasser darin hinab. Der Durchstich gelang 1893. Inzwischen ist der Kanal eine Sehenswürdigkeit und ein gutes Fotomotiv, besonders wenn ein Schiff hindurchfährt.

Alt-Korinth 9 [D6]

Während das moderne Korinth keinen Besuch lohnt, sind die Ruinen von Alt-Korinth (*Archea Ko-*

Peloponnes Alt-Korinth

Ausgrabungen von Alt-Korinth

rinthos), überragt vom Burgberg Akrokorinth, umso interessanter. Die alte blühende Handelsstadt wurde von den Römern zerstört und von Caesar wieder aufgebaut, sodass die heute sichtbaren Ruinen überwiegend römisch sind.

Auf der **Agora,** dem ehemaligen Marktplatz, erkennt man noch die Grundrisse der Säulenhallen und die Gewölbe der Ladenreihen. Gut erhalten sind das steinerne Pflaster der **Lechaion-Straße** und die Reste der **Peirene-Quelle.** Die **Rednertribüne,** von der aus der Apostel Paulus zum Volk sprach, besteht nur noch aus dem Sockel. In Korinth wurde die Liebesgöttin Aphrodite verehrt, Tempelprostitution war verbreitet.

Zu den wenigen aufrecht stehenden Säulen gehören die sieben des griechischen **Apollontempels** aus dem 6. Jh. v. Chr. Diese dorischen Säulen wurden jeweils aus einem Stein gehauen, also nicht wie üblich aus mehreren Trommeln zusammengesetzt. Im **Museum** auf dem Ausgrabungsgelände sieht man korinthische Vasen und mit Akanthusblättern geschmückte »korinthische« Kapitelle.

Achtung: Das Ruinenfeld ist unübersichtlich. Fragen Sie am Eingang nach dem Plan (April–Okt. tgl. 8–20 Uhr, sonst 8–15 Uhr).

Akrokorinth

Schäfer weiden ihre Tiere zwischen Tempel und Burgberg, auf dessen Kamm, weit oberhalb der Ausgrabungen, die Burganlage Akrokorinth thront. Wer den langen Fußweg scheut, der kann ein Taxi nehmen. Zunächst geht es durch ein hohes Tor aus der Frankenzeit. Der wehrhafte Mauerring dahinter ist byzantinisch-venezianischen Ursprungs. Im Kern der Festung steht byzantinisches Mauerwerk, doch die Fundamente stammen zum Teil von antiken Bauten aus dem 4. Jh. v. Chr. Über die umliegende Hügellandschaft hinweg ❗ blickt man bis zum Golf von Korinth.

Mykene 10 ⭐ [D6]

Inmitten der Argolishügel erhebt sich, aus mächtigen Quadern zusammengesetzt, nahe dem gleichnamigen modernen Dorf die Burg von Mykene. Die Mauern sind so gewaltig, dass man in der Antike glaubte, Perseus, der Sohn des Zeus, habe sie nur mithilfe der Zyklopen errichten können. 1600–1150 v. Chr.

Karte S. 96

Mykene **Peloponnes**

war Mykene die führende Macht auf dem Peloponnes. Der Archäologe Heinrich Schliemann las bei Homer von König Agamemnon und seinem Heer im Kampf um Troja. Nur der Beschreibung Homers folgend, gelang ihm das Unglaubliche: 1876 entdeckte er – vermeintlich – die letzte Ruhestätte des mykenischen Königs. Inzwischen ist erwiesen, dass es sich um das Grab eines noch älteren Königs handelt.

Burgrundgang

Haupteingang der Burg ist das berühmte **Löwentor** › **Abb. S. 150**. Es wird geziert von der ältesten Großplastik Europas, die um 1250 v. Chr. aus einem Stein gemeißelt wurde: Zwei Löwen stehen aufrecht über dem Tor. Ihre Köpfe fehlen, vermutlich waren sie aus Bronze. Rechts hinter dem Tor liegen die **Gräber,** aus denen Schliemann rund 15 kg Gold barg. Der Schatz mit der goldenen Maske gehört zu den Kostbarkeiten des Archäologischen Nationalmuseums von Athen › **S. 58**. Eine breite Rampe führt vom Löwentor an den Gräbern vorbei zu den Überresten des **Königspalastes.** Mit ein wenig Fantasie kann man Empfangsraum und Thronsaal erkennen. Der Ausblick vom Burghügel reicht weit über die Landschaft (April–Okt. tgl. 8–18, sonst 8–15 Uhr, die Tickets sind auch für das Schatzhaus gültig).

Schatzhaus des Atreus

Unterhalb des Burghügels, an der Straße zurück ins Dorf, liegt das sogenannte Schatzhaus des Atreus, ein großes Kuppelgrab. Ein breiter Weg führt ins Innere. Im Halbdunkel ist gerade noch die enorme Kuppel auszumachen. Unter ihrem gewölbten Dach hat man den Eindruck, im Innern eines riesigen Bienenkorbs zu stehen, was auf die besonders raffinierte Bauweise dieses frühen Kuppelbaus zurückzuführen ist: Die Achäer ließen beim Aufeinanderschichten der Steinringe des Daches immer den höheren und kleineren Ring ein bisschen über den unteren und größeren herausragen. So stützen die Steinringe sich gegenseitig ab (tgl. 8–20, im Winter bis 15 Uhr, Tickets › **Burgrundgang**).

Verkehr

- **Busverbindungen:** nach Athen, Nafplio und Argos

Hotels

La Petite Planète €€
Mit Schwimmbad und Taverne, moderne Ausstattung. Außerhalb des Ortes, mit schönem Blick auf den Burghügel.
- Christou Tsounta | Mykene
  Tel. 27 51 07 62 40
  www.petite-planet.gr

Morfeas €€
Morfeas war der Gott des Schlafes ... Einfaches Hotel im Zentrum von Argos.
- Danaou 2 | Argos
  Tel. 27 51 06 83 17
  www.hotel-morfeas.gr

Restaurant

Gemelos €€
Taverne mit Panoramablick.
- Platia Archea Korinthou | Mykene
  Tel. 27 41 03 13 61

Peloponnes Epidavros

Das antike Theater von Epidavros ist für seine ausgezeichnete Akustik berühmt

Epidavros 11 ⭐ [D6]

In der Antike war dies der berühmteste Kurort der Welt und Wirkstätte des Heilgottes Asklepios. Heute kommt man aber vor allem des einzigartigen, fast vollständig erhaltenen **Theaters** wegen, von dessen Sitzen aus man den heiligen Hain überblickte. Die Originalränge aus dem 4. Jh. bieten immer noch 12 000 Besuchern Platz, und sie sind während der **Festspiele** von Juli bis September fast immer ausverkauft. Die Akustik des Theaters ist berühmt. **50 Dinge** ⑳ › S. 14.

Im anschließenden eigentlichen Kultbezirk geben die ursprünglich sechs konzentrischen Grundmauern des Asklepiontempels Rätsel auf. War der Rundbau ein Wasserreservoir, oder wurden darin Schlangen, die heiligen Tiere des Asklepios, gehalten? Im sich anschließenden **Abaton,** einer Säulenhalle, schliefen die Kranken. Ihre Träume erzählten sie Priestern, die daraus auf geeignete Heilmethoden schlossen. Auch die Theateraufführungen dienten der Heilung, sie sollten die Patienten von ihren Beschwerden ablenken. Im **Museum** sind Statuen des Gottes Asklepios, auch als Äskulap bekannt, ausgestellt. Sie zeigen ihn mit dem Äskulapstab, um den sich eine Schlange windet, bis heute das Symbol der Ärzteschaft (Museum und Theater April–Sept. tgl. 8 bis 19.30, Okt.–März 8–17 Uhr).

Palea Epidavros

15 km entfernt vom antiken Epidavros liegt Palea Epidavros, ein hübsches Dorf am Saronischen Golf. Im Sommer finden im Amphitheater aus der Zeit Alexanders des Großen am Ortsrand Konzerte und Theateraufführungen statt. Ein schmaler Strand lockt zum Baden.

Info
- Karten für die Festspiele von Epidavros sind beim Festivalbüro in Athen › S. 28, in einigen Reisebüros in Naf-

Karte S. 96

Nafplio **Peloponnes**

plio und am Theater selbst erhältlich. Programminfos und Reservierung auch unter www.greekfestival.gr.

Verkehr
- **Busverbindungen:** nach Athen, Korinth und Nafplio

Hotel
Christina €€
Schlichte Zimmer mit Klimaanlage. Balkone mit Blick über den Hafen.
- Palea Epidavros | Argolida
  Tel. 27 53 04 14 51
  www.christinahotel.gr

Restaurant
Poseidon €€
Tische direkt am Hafenbecken. Es gibt Fisch und frittierte Tintenfischlein.
- Palea Epidavros | Tel. 27 53 04 12 11
  www.hotel-restaurant-posidon-epidavros.focusgreece.gr/en/

Nafplio 12 [D7]

Nicht mehr so bedeutend wie einst, aber ein Städtchen voller Atmosphäre – und mit Vergangenheit: Im Jahr 1830 wurde Nafplio zur Hauptstadt des von den Türken befreiten Griechenland erklärt. Heute ist es Hauptort der Provinz Argolis. König Otto I. regierte hier, bevor er 1834 Athen zur Hauptstadt erhob.

Nafplios Altstadt lockt mit klassizistischen Fassaden und türkischen Moscheen zu einem Bummel. Die große Moschee am marmorgepflasterten Hauptplatz, der **Platia Sintagmatos**, war einst der Versammlungsort für Griechenlands erste Volksvertretung.

Die nahe venezianische Kaserne birgt ein **Archäologisches Museum,** dessen Prunkstück eine mykenische Bronzerüstung ist (Di–So 8.30 bis 15 Uhr, Tel. 27 52 02 75 02). Erholung bieten die Cafés am Hafen, wo eine stetig wehende Brise für angenehme Temperaturen sorgt.

Gleich gegenüber liegt in der Bucht von Nafplio das winzige Festungsinselchen **Bourdzi**. Bereits im 15. Jh. bauten die Venezianer auf der Insel in der Hafeneinfahrt ein Kastell. Der eckige Turm, der das Inselchen wie ein Schiff aussehen lässt, kam erst später dazu.

Die beiden mittelalterlichen Festungen über der Stadt stammen ebenfalls von den Venezianern, die Nafplio vom 14. bis zum 16. Jh. beherrschten. Die Burg **Akronafplia** wurde auf byzantinischen Mauerresten errichtet. ! Mittwochs und samstags ist zu ihren Füßen Markt.

Hoch über der Stadt thront die Festungsanlage **Palamidi**. Über den Ort Pronia ist die Burg mit dem

SEITENBLICK

Komboloi-Museum [D7]
Wussten Sie, dass das griechische *komboloi* im Gegensatz zu seinem Vorbild, der muslimischen Gebetskette, keinerlei religiöse Bedeutung hat? Überall werden Sie Männer sehen, die mit diesen Perlenkettchen spielen. Im originellen Museum in Nafplios Altstadt erfahren Sie zudem etwas über hinduistische Gebetsketten des 6. Jhs. v. Chr. und über katholische Rosenkränze (Staikopoulou 25, Di geschl., www.komboloi.gr).

Peloponnes Nafplio

Mistras war im Mittelalter die bedeutendste Stadt auf dem Peloponnes

Auto zu erreichen, aber nur wer die 1000 Stufen zu Fuß hinaufgestiegen ist, weiß den Ausblick über Nafplio, das Meer und die Berge der Argolis richtig zu schätzen. Um die Mittagshitze zu vermeiden, sollte man den Aufstieg morgens beginnen. Die Befestigungsanlage wurde Anfang des 18. Jhs. von den Venezianern mit einer gewaltigen Mauer umgeben.

Info
Informationsbüro
- Platia Filellinon
  Nafplio
  Tel. 27 52 02 44 44
  www.nafplio.gr, www.visitnafplio.com

Verkehr
- **Busverbindungen:** nach Korinth, Athen, Epidavros, Mykene und Tolo
- **Schiffsverbindungen:** ab Tolo nach Spetses, Idra, Poros (nur Juni–Sept.)

Hotels
Agamemnon €€
40 einfach ausgestattete Zimmer mit Klimaanlage, von einigen hat man einen schönen Blick auf das Inselchen Bourdzi.
- Akti Miaouli 3 | Nafplio
  Tel. 27 52 02 80 21
  www.nafplioagamemnon.gr

King Othon I €€
Nostalgisches Ambiente in einem der ältesten klassizistischen Häuser von Nafplio, mit Frühstücksgarten.
- Farmakopoulou 4 | Nafplio
  Tel. 27 52 02 75 85
  www.kingothon.gr

Omorfi Poli €€
Familienzimmer für 5 Personen, schönes, ruhiges Apartment für 8 Personen, im Bistro tolles Frühstück. Außerhalb Nafplios gelegen; die Inhaberin ist Deutsche. Gute Tipps über Nafplio und Umgebung.

Karte S. 96

Tolo, Mistras **Peloponnes**

- Sofroni 5 | Nafplio
  Tel. 27 52 02 15 65
  www.omorfipoli-pension.com

Restaurants

Das Angebot an Tavernen ist in den kleinen Gassen groß. Die Tavernen an der Hafenpromenade bieten eine tolle Sicht auf das Inselchen Bourdzi.

Tolo 13 [D7]

In der Umgebung des Ferienortes, 10 km östlich von Nafplio an einer türkisfarbenen Bucht, findet man alles, was man sich für einen Strandurlaub wünscht – von gepflegten Hotels bis zu diversen Wassersportmöglichkeiten. Auch an Tavernen und Diskotheken herrscht hier kein Mangel.

Hotels

Aris €€
Familiäres Hotel am Strand mit aussichtsreicher Restaurant-Terrasse
- 28 Aktis | Tolo
  Tel. 275 20 59 23 | www.hotel-aris.gr

Bungalows Phaistos €€
❗ Bungalow-Anlage am Hang über Tolo, schöner Blick über Dorf und Bucht. In Strandnähe, mit voll ausgestatteter Küche und Klimaanlage.
- 56 Aktis | Tolo
  Tel. 27 52 05 92 07
  www.minoanhotels.gr

Mistras 14 ⭐ [D7]

Die byzantinische Ruinenstadt liegt auf einem Ausläufer des **Taigetosgebirges** hoch über der fruchtbaren Ebene des Flusses Evrotas. Der fränkische Kreuzritter Villehardouin ließ dort 1249 eine Festung errichten. Nachdem die Byzantiner 1265 Mistras erobert hatten, entstand unterhalb des Felsens ein Zentrum höfischer byzantinischer Kultur. Die hoch entwickelte Stadt wurde 1460 von den einfallenden Türken zerstört.

Die Ruinen vermitteln ebenso wie das Museum im ehemaligen Bischofspalais einen guten Eindruck von der einstigen Pracht. In der Unterstadt fallen die renovierten Kirchen auf, von denen die **Afendiko** (um 1310) mit ihren fünf Kuppeln die größte ist.

Besonders gut erhaltene Fresken findet man im **Periblepetos-Kloster** aus dem 14. Jh. Im **Pantanassa-Kloster** aus dem 15. Jh., dessen Wände gotische Bögen schmücken, leben heute noch Nonnen. Die Oberstadt wird vom **Despotenpalast** beherrscht (April–Okt. tgl. 8–19.30, sonst tgl. 8–15 Uhr, Tel. 27 31 08 33 77). **50 Dinge** ⑦ › S. 12.

Verkehr

- **Busverbindungen:** nach Sparta, von dort nach Githio, Monemvasia, Tripoli, Athen; www.ktel-lakonias.gr

Hotel

Byzantion €€
❗ Familiäres Haus mit 26 Zimmern (alle mit TV und Klimaanlage), kleiner Pool im Garten. Die Lage nahe bei den Ruinen ist sehr günstig und beschert einen fantastischen Blick.
- Mistras | Tel. 27 31 08 33 09
  www.byzantionhotel.gr

Peloponnes Githio

Blick von Monemvasias Oberstadt über das Ägäische Meer

Githio 15 [D8]

Bunte Fischkutter dümpeln im kleinen Hafen, darüber ziehen sich die Häuser den Hang hinauf – so sieht die stimmungsvolle Kulisse für ein Essen in einer der Fischtavernen aus. Bei dem Inselchen **Marathonisi**, das durch einen Damm mit dem Festland von Githio verbunden ist, soll es sich um das antike Kranai gehandelt haben. Der Sage nach haben Paris und die von ihm entführte schöne Helena dort ihre erste Liebesnacht verbracht. In der Abendstimmung liegt Romantik in der Luft, am besten sucht man sich mit einem Fläschchen Wein unter dem Arm ein hübsches Plätzchen und genießt die Atmosphäre.

Info
- **im Internet:** www.gythio.net

Verkehr
- **Busverbindungen:** nach Areopoli, Pirgos Dirou, Gerolimenas, Monemvasia, Sparta, Tripoli und Athen www.ktel-lakonias.gr
- **Schiffsverbindungen:** Kithira, Piräus

Hotels
Aktaion Resort €€–€€€
Hotel im traditionellen Baustil in Strandnähe, mit Kinderpool und Familienzimmern sowie kleinen Bungalows für zwei Personen.
- Vassileos Pavlou 15 | Selinitsa Beach Githio | Tel. 27 33 02 91 14 www.aktaion-resort.com

Githion €€
Traditionshaus von 1864 mit Zimmern und Apartments, alle mit Meerblick, TV und Klimaanlage.
- Vassileos Pavlou 33 | Selinitsa Beach Githio | Tel. 27 33 02 34 52 www.gythionhotel.gr

Restaurants
Die Tavernen am Hafen von Githio bieten vorzügliche Kalamaria und gegrillten Oktopus.

Ausflüge ab Githio

Nach Monemvasia 16 [D8]
Nehmen Sie sich für die 72 km einen ganzen Tag Zeit und starten Sie früh. Bei Skala geht die Straße ab zur Burgstadt Monemvasia. Im Mittelalter war sie ein wichtiger Hafen und Stützpunkt an der Route von Italien nach Afrika und Konstanti-

nopel. Ihr Name leitet sich von *moni emvasi* her, »einziger Zugang«. Am Fuße eines gewaltigen Felsens erstreckt sich die malerische **Unterstadt**. In den Gassen entdeckt man zwischen byzantinischen Kirchen und venezianischen Höfen einladende Tavernen und Cafés. Die **Oberstadt** lockt mit einer wahrlich ❗ spektakulären Aussicht auf Monemvasias Dächer und das Ägäische Meer.

Auf die Mani [D8]

Githio ist Ausgangspunkt für einen ein- oder mehrtägigen Ausflug auf die Mani, die mittlere der drei Landzungen, in denen der Peloponnes nach Süden ausläuft. Quer über die Halbinsel geht es in Richtung Areopoli, vorbei am Strand von **Mavrovouni**, einem ausgezeichneten Surfrevier mit guten Campingplätzen und Tavernen. Plötzlich tauchen erst vereinzelt, dann im Dutzend eng beieinander stehend die ungewöhnlichen, festungsartigen Wohntürme auf. In ihnen verschanzten sich die maniotischen Familien bei Feindseligkeiten. Viele der Türme, die aus dem 17. bis 19. Jh. stammen, werden restauriert, besonders wohnliche stehen in **Areopoli** und **Vathia** 17 [D8], wo einige zu Hotels umgebaut wurden. Vathia ist in seiner Geschlossenheit zweifellos eines der schönsten maniotischen Dörfer.

Im Süden wird die Landschaft immer karger, und schließlich reckt sich nur noch der nackte Felsen aus dem Meer. Am **Kap Tenaro** (auch Matapan) 18 [D8] hat man den nach Gibraltar zweitsüdlichsten Punkt des europäischen Festlands erreicht.

In **Thalames** 19 [D8], 25 km nördlich von Areopoli, wurde ein **Mani-Museum** eingerichtet, das einen guten Einblick in das Leben der rauen Region gewährt (im Sommer tgl. 8.30–15 Uhr).

Auf der Mani lohnt der Besuch der Höhlen von Pirgos Dirou 20. Der See unter dem porösen Kalkboden entstand durch Sickerwasser. Mit dem Ruderboot gleitet man gemächlich durch Grotten und Säle. Rote und gelbe Tropfsteingebilde spiegeln sich im Wasser (Juni–Sept. tgl. 8.30–16.30, sonst 8.30–15 Uhr, Tel. 27 33 05 22 22).

Hotel

Ktima Karageorgou €€€
Haus aus Naturstein, mit Familienzimmer, Frühstück bis 12.30 Uhr.
• Areopoli | Tel. 27 33 05 13 68
www.ktimamanihotel.gr

SEITENBLICK

Klans und Fehden

Höher und höher bauten die kriegerischen Manioten ihre Burgen, um dem Nachbarn mit der Steinschleuder eins aufs Dach geben zu können. Die Trutztürme sind Zeugnisse dramatischer, nicht selten Generationen überdauernder Familienfehden. Es ging um Land, Wasser, Ehre und schöne Frauen. Diese durften sich allerdings frei zwischen den Fronten bewegen: um die Ernte einzuholen und den Munitionsnachschub zu sichern. Die letzten Fehden wurden erst Ende des 19. Jhs. beigelegt.

ÄGÄISCHE INSELN

Kleine Inspiration

- **Die antiken Säulentrommeln suchen** in der Festungsmauer von Parikia auf Paros › S. 117
- **Die wappenverzierten venezianischen Portale betrachten** im Kastro-Viertel auf Naxos › S. 119
- **Abfeiern bis in die frühen Morgenstunden** in den Bars von Mikonos-Stadt oder am Paradise Beach › S. 121
- **Eine Bootstour in die Caldera unternehmen** von Santorin aus › S. 122
- **Am Kieselstrand baden** bei Kokkari auf Samos und sich in einer Taverne ein Gläschen gönnen › S. 127

Karte
S. 118, 121, 123, 124, 125, 127

Tour 10 **Ägäische Inseln**

Weiße Orte in atemberaubender Lage am Kraterrand auf Santorin, pulsierendes Nightlife auf Mikonos, ruhiges Inselleben auf Naxos, Olivenhaine und harzduftende grüne Kiefernwälder auf Lesbos und Samos.

Kykladen heißt die Inselgruppe, die sich gleich einem Kreis, griechisch *kyklos*, um **Delos** gruppiert. Das berühmte Licht der Ägäis, blendendweiße Gassen, blaue Fensterläden – traumhafte Motive bieten sich hier an jeder Ecke!

Sehr beliebt ist das sanfthügelige **Paros**. Im Inselnorden genießen Sie Kykladenambiente mit Niveau im zauberhaften Hafenstädtchen Naoussa. An der Ostküste lässt es sich gut surfen, v. a. bei Chrissi Akti.

Auch **Naxos**, die größte Kykladeninsel, ist ein echtes Surferparadies; entlang der Westküste zieht sich ein Band langer Strände. Im Innern der Insel, bei den Olivenhainen der Tragea-Ebene, entdecken Sie in den Kirchen Kostbarkeiten.

Sportlich geht es auch auf **Mikonos** zu, an dessen Südküste sich ein Strand an den anderen reiht; Surfer kommen am Tag groß raus, Tänzer in der Nacht, die eine einzige Party ist. Mikonos-Stadt halten viele für die Schönheitskönigin der Ägäis.

Bildschön ist auch die Insel **Santorin**. Der Blick vom hoch am Kraterrand gelegenenen **Thira** auf die Caldera ist grandios. Im kleinen **Ia** ganz im Norden trifft man sich zum Sonnenuntergang.

Griechenland hat allerdings viel mehr Inseln als die Kykladen. Drei der reizvollsten liegen direkt vor der türkischen Küste: **Lesbos**, **Chios** und **Samos**. Auf allen dreien ist noch viel griechische Ursprünglichkeit zu finden.

Oben: Windmühlen auf Mikonos
Links: Blau und Weiß sind die Farben der Ägäischen Inseln – hier Santorin

Ägäische Inseln Tour 10: Inseln im Kreis Klappe hinten

Tour in der Region

 Inseln im Kreis

Route: Paros › Naxos › Mikonos › Santorin

Karte: Faltkarte
Länge: 9–12 Tage
Praktische Hinweise:
- Den Startpunkt Paros erreichen Sie am besten via Athen und Piräus.
- Alle Inseln können in der vorgeschlagenen Reihenfolge mit Highspeeds oder Fähren bereist werden.
- Santorin ist als letzte Insel ein unvergesslicher Abschluss. Sie können aber auch frei kombinieren.
- Santorin und Mikonos werden von April bis Oktober von vielen Flughäfen Mitteleuropas aus direkt angeflogen, sodass z. B. auch ein Hinflug nach Mikonos und ein Rückflug von Santorin möglich sind.

Tour-Start:

Paros, Naxos, Mikonos, Santorin – diese Träume in Blau-Weiß gehören zu den schönsten Kykladeninseln. Wer gerne fotografiert, der kann hier ganze Motivreihen entdecken: bunte Holztüren, Blumen vor weiß gekalkten Mauern, üppig dekorierte Obststände … Sie betreten Paros › **S. 117** und lernen sofort den unvergleichlichen Kykladenstil kennen: Überall leuchtet es so weiß, dass Sie wie in einem Meer aus Licht baden. Reisen Sie zum kulissenhaft schicken **Naoussa** 3 › **S. 117** und zum ruhigeren **Lefkes** 2 › **S. 117** im Inselinnern. Wanderer haben auf Naxos › **S. 119** die Möglichkeit, den höchsten Berg der Kykladen, den Zas, zu besteigen und eine andere Seite der Kykladen zu erforschen. In der Tragea-Ebene › **S. 120** unter Ölbäumen zu rasten und dem Säuseln der Blätter zu lauschen, ist Entspannung pur. Action gibt es dann beim Kitesurfen oder Mountainbiking. Das macht fit für Mikonos › **S. 120**, denn hier wird die Nacht durchgetanzt. An den Stränden Paradise und Super Paradise sind DJs die Stars. Die Fahrt nach Santorin › **S. 122** macht neugierig auf weitere Eindrücke. Die kommen geballt: In die Caldera von Santorin einzulaufen und die Steilwand des Kraters vor sich aufragen zu sehen, ist ein unvergessliches Erlebnis. Und die Sonnenuntergänge von **Ia** 2 › **S. 122** lassen Sie garantiert noch lange von der Insel Santorin träumen.

Fischer im Hafen von Naoussa auf Paros

Karte S. 118

Paros **Ägäische Inseln**

Unterwegs auf den Ägäischen Inseln

Paros [P19]

Sanft erhebt sich Paros aus der Ägäis, umgeben von Sandstränden und Felsbuchten. Weiße Dörfer schmiegen sich an die Hänge, Terrassen gliedern die Hügel in braun-gelbe Felder, Windmühlen und Kapellen setzen Akzente. Zudem bietet die herb-schöne Insel ihren Gäste eine Menge Möglichkeiten, sich zu unterhalten.

Parikia 1 [P19]

Parikia, auch Paros-Stadt, ist die lebhafte Inselmetropole. Die Promenade mit Tavernen und Cafés liegt nahe dem viel besuchten Strand. Sie ist nur am frühen Morgen ruhig; sobald die Fähren anlegen, stauen sich hier Urlauber, Taxis und Zimmervermieter. Parikia hat jedoch das Antlitz eines Idylls: Seine frisch gekalkten Würfelhäuser steigen zu der ehemaligen Akropolis hin an. Heute stehen auf dem Hügel die Befestigungsmauer und der Turm des **Kastells**. Die Venezianer setzten bei seiner Erbauung im Jahr 1260 antike Säulentrommeln und Marmorblöcke wie Backsteine aufeinander.

Ein kurzer Spaziergang führt zur Kirche **Katapoliani** ⭐, einem seltenen Beispiel frühbyzantinischer Baukunst aus dem 6. Jh. (älteste Teile aus dem 4. Jh.). Das Baumaterial, parischer Marmor, galt schon in der Antike wegen seiner hohen Lichtdurchlässigkeit als besonders kostbar. In der Taufkapelle wurde ein kreuzförmiges Taufbecken in den Boden eingelassen. Die Kirchenglocken wurden an einer Zypresse befestigt, die im Innenhof steht.

Profitis Ilias

Im Inselinnern stößt man auf stille Landschaften. Vom Dorf **Lefkes** 2 [P19] gibt es schöne Wanderwege zum höchsten Berg, dem Profitis Ilias. Sein Gipfel mit Meerblick liegt auf 771 m. Vor ihm erstreckt sich die terrassierte Landschaft, die für diverse Aktivitäten Raum bietet.

Naoussa 3 [P19] und Kolimbithres 4 [P19]

Das wird ein Tag! Naoussa im Norden der Insel ist einfach zauberhaft. Der idyllische Hafen gehört außerhalb der Saison den Fischern, die ihre Netze flicken. Dahinter beginnt ein Labyrinth aus schmalen Gassen und weißen Kykladenmauern. Nehmen Sie ein Boot-Taxi zum größeren Kolimbithres-Stand oder zu den kleineren Stränden Langeri und Monastiri (letzterer mit Taverne)! Die Kulisse bilden bizarr geformte Granitblöcke. Vielleicht wollen Sie den Tag in einer der herrlich gelegenen, wenn auch recht teuren Tavernen am Hafen von Naoussa oder mit einem Bummel durch die weißen Gassen ausklingen lassen …

Info
- **Touristenpolizei:** Tel. 22 84 02 33 33
- **im Internet:** www.paros-online.com

Ägäische Inseln Paros

Verkehr
- **Flüge:** nach Athen
- **Schiffverbindungen:** nach Piräus, Naxos, Santorin und Mikonos; von Parikia oder Pounta nach Antiparos
- **Busverbindungen:** von Parikia nach Maradi, Lefkes, Naoussa und Pounta

Hotels
Parian Village €€€
An der Bucht von Livadia. Die Zimmer haben Balkon zum Meer, auch vom Pool und von der Frühstücksterrasse aus hat man eine tolle Aussicht auf die Bucht.
- Parikia
  Tel. 22 84 02 31 86
  www.parianvillage.gr

Manto €€
Familiär geführtes Hotel mit 13 Zimmern im eleganten kykladischen Stil, von der Sonnenterrasse hat man Blick aufs Meer.
- Naoussa
  Tel. 22 84 05 15 90
  www.hotelmanto.com

Restaurants
Akrogiali €€
Ouzeri mit Fisch- und Nudelgerichten, Muscheln und Risotto.
- Bucht von Livadia | Parikia
  Tel. 22 84 02 36 63

Yemeni €€
Taverne in der Altstadt mit großer Vorspeisen-Auswahl.
- Naoussa
  Tel. 22 84 05 14 45 | www.yemeni.gr

Ausflüge auf Paros

Nach Pisso Livadi 5 [P19]

Einmal quer durch Paros: Von Parikia führt Ihr Weg nach **Maradi**, wo ein Nymphenrelief die nicht mehr zugänglichen Stollen für den parischen Marmor ziert. Vorbei an geschwungenen Hügeln gelangen Sie nach **Marpissa**. Die Aussicht auf die Ostküste ist Spitze. In den Buchten südlich von **Pisso Livadi** – besonders beliebt ist der wirklich goldene

Paros und Naxos
0   15 km

Karte S. 118

Naxos **Ägäische Inseln**

Wahrzeichen von Naxos: die Portara, ein Fragment des unvollendeten Apollontempels

Sandstrand Golden Beach – können Sie baden und am Strand Kräfte für den Heimweg sammeln.

Nach Antiparos 6 [O19]

Stechen Sie frühmorgens in See, mit dem Schiff fahren Sie von Parikia hinüber nach Antiparos (ca. 30 Min.). Vom Dorf Kastro bringt Sie ein Bus zur **Tropfsteinhöhle Agiou Ioannaou**, der größten der Kykladen. Nach Ihrem Abstieg in die Unterwelt können Sie in Kastros Tavernen neue Energie tanken oder sich am Strand aalen. Zurück nach Paros geht es wieder per Schiff.

Naxos [P/Q19]

Naxos präsentiert sich dank seiner Quellen grüner als die meisten Kykladeninseln. Der imposante Berg Zas überragt eine abwechslungsreiche Landschaft aus Feldern, Tälern und Hochebenen. Lernen Sie mehr als die berühmten Strände kennen und durchstreifen Sie die äußerst sehenswerte Insel. **50 Dinge** 24 › **S. 15.**

Naxos-Stadt 7 [P19]

Naxos-Stadt gleicht einem Labyrinth: Verschlungene, teils überwölbte Gässchen winden sich um den Burgberg. Im Viertel **Kastro** zieren venezianische Familienwappen die alten Herrenhäuser. Ganz oben liegt hinter der katholischen **Kathedrale** (13. Jh.) mit in den Boden eingelassenen Grabplatten venezianischer Adelsfamilien das **Archäologische Museum** mit einer sehenswerten Sammlung von Kykladenidolen. Die ausdrucksstarken Figuren, die 2600–1600 v. Chr. aus Stein geschaffen und erstaunlich fein bearbeitet wurden, stellen Menschengestalten dar (Di–So 8–15 Uhr).

Steht Ihnen der Sinn nach Romantik, dann sind Sie hier richtig: Vor Naxos-Stadt liegt auf der winzigen Halbinsel **Palatia** ein riesiges Tempeltor, die Portara, das Wahrzeichen von Naxos. Der geplante Apollontempel dazu wurde nie gebaut. Das Tor (6. Jh. v. Chr.) verleiht den orangeroten Sonnenuntergängen einen besonderen Rahmen.

Ägäische Inseln Naxos

Karte
S. 118

Südlich der Stadt haben Sie die Wahl unter einer ganzen Reihe von Stränden.

Tragea-Ebene

In der Mitte der Insel schimmert die fruchtbare Hochebene Tragea im Grün der Olivenbäume. In **Filoti** 8 [P19] beginnt einer der Wege hinauf auf den Berg **Zas**. Vom Gipfel in 1001 m Höhe blicken Sie über die grüne Hochebene hinweg auf die verkarsteten Berge. Nach der schwierigen Besteigung – der Weg ist kaum markiert – locken die Strände der Westküste mit erfrischendem Nass.

Das Dorf **Chalki** 9 [P19] mitten in der Tragea-Ebene ist von mittelalterlichen Wohntürmen geprägt. Es ist ein idealer Ausgangspunkt für einen etwa halbstündigen Spaziergang zur ältesten Kirche von Naxos, Panagia Drossiani. Ihre Fresken stammen aus dem 6. Jh., die Seitenkapellen wurden später angefügt.

Info
- **im Internet:** www.islandnaxos.com
- **Touristenpolizei in Naxos-Stadt:** Tel. 22 85 02 21 00

Verkehr
- **Flüge:** nach Athen
- **Schiffsverbindungen:** nach Piräus, Paros, Santorin und Mikonos
- **Busverbindungen:** von Naxos-Stadt nach Chalki und Filoti

Hotels
Anatoli €€
Kykladenstil mit Pool, am Stadtrand, Zimmer auch für 4 Pers.
- Naxos-Stadt | Tel. 22 85 02 44 26
  www.hotelanatoli.com

Grotta €€
Fantastische Lage hoch über dem Meer, sympathischer Familienbetrieb, Räume mit Sinn für Kunst möbliert.
- Naxos | Tel. 22 85 02 22 15
  www.hotelgrotta.gr

Restaurant
To Kastro €€
In der Oberstadt nahe beim Südtor. Beliebte *psisteria* für Grillgerichte.
- Platia Braduna | Naxos-Stadt

Aktivitäten
Beim stadtnahen Agios-Georgios-Strand macht der **Flisvos-Sportklub** ein breites Angebot mit Surfen und Segeln, aber auch Mountainbiking und Beachvolleyball; deutschsprachig.
- Agios-Georgios-Strand
  Tel. 22 85 02 29 35
  www.flisvos-sportclub.com

Mikonos [P18]

Mikonos ist eine Symbiose aus kykladischer Architektur und der Farbe Weiß. Seine Eleganz zieht schon seit vielen Jahren ein sehr finanzkräftiges Publikum an. Die Insel ist winzig, aber ihr Lifestyle setzt weltweit Trends. Nach Sonnenuntergang wird Mikonos zum Hotspot des Nachtlebens mit Strandpartys und DJ-Live-Acts in angesagten Klubs.

Mikonos-Stadt ★

Ein Kykladenstädtchen wie aus dem Bilderbuch – bunte Fischerboote dümpeln im Hafen, weiße Häuser

Karte S. 121   Mikonos   **Ägäische Inseln**

formen enge Gassen, und von den runden Windmühlen fällt der Blick auf eine Häuserzeile, die ein wenig an Venedig erinnert und auch so heißt. Ihre mit Holzbalkonen geschmückten Mauern scheinen direkt aus den Wellen zu wachsen.

Am **Alefkandra-Platz** haben Maler ihre Staffeleien aufgebaut. Vervollständigt wird das Kykladenambiente durch die aus dem 16./17. Jh. stammende **Paraportiani-Kirche** ★ mit ihrer wundersamen Architektur. Mehrere Kapellen bilden eine winkelreiche Fassade, eines der beliebtesten Fotomotive. Der Sommer lockt viele Gäste in das fast kitschig schöne Städtchen, wo in den Nächten durchgetanzt wird. **50 Dinge** ㉙ › S. 15.

Strände

An der Südküste gibt es zahlreiche Strände. Der von **Plati Gialo** geht besonders flach ins Meer hinein. Hier werden im Sommer Tauchkurse angeboten. Am **Psarou-Strand** befinden sich mehrere Surfschulen und Kanuverleiher. Das Wasserskilaufen kann man am **Paradise-Strand** üben, wo übrigens die meisten Besucher nackt baden. Der Strand **Super Paradise** gilt seit vielen Jahren als Treffpunkt von Homosexuellen.

Eine deutschsprachige Surfschule mit Ausrüstungsverleih befindet sich am **Kalafati-Strand** (Windsurfing Mykonos, Tel. 22 89 07 23 45 oder mobil 0049/176/22 23 92 62, www.pezi-huber.com, Tauchschule: www.mykonos-diving.com). Sämtliche Strände sind mit Bussen oder Booten bequem zu erreichen.

Info
- **im Internet:** www.mykonos-web.com

Verkehr
- **Flüge:** nach Athen, im Sommer auch nach Santorin
- **Schiffsverbindungen:** nach Piräus, Paros, Naxos und Santorin

Hotels
Anastasios-Sevasti €€€
Gepflegte Pension in ruhiger Hanglage mit Blick auf Mikonos-Stadt, Zimmer im Kykladen-Stil, Pool mit Sonnenterrasse.
- Mikonos-Stadt | Tel. 22 89 02 35 50
www.anastasiossevasti.com

Elena €€
Zentrumsnah gelegen. 28 Zimmer im typischen Kykladenstil, die meisten mit schöner Aussicht. Frühstücksterrasse.
- Mikonos-Stadt | Tel. 22 89 02 41 12
www.elenamykonos.gr

Restaurant
Oregano €€
Pita, Gegrilltes und Burger.
- Evangelistraki | Mikonos-Stadt
Tel. 22 89 02 74 10
www.oregano-mykonos.com

Ägäische Inseln Ausflug nach Delos

Karte
S. 121

Das weiße Städtchen Ia auf Santorin liegt spektakulär am Kraterrand

Ausflug nach Delos ⭐ [P18]

Lust auf eine Brise frischen Seewinds und eine hübsche Portion Kultur? Ein Trip nach **Delos**, der Nachbarinsel von Mikonos, bringt beides, denn die Geburtsinsel der Götterzwillinge Apollon und Artemis war im 5. Jh. v. Chr. reich, mächtig und Sitz eines großen Apollonheiligtums. Schauen Sie sich die berühmte **Löwenterrasse** an, schlendern Sie durch die Häuserreste der alten Stadt und entdecken Sie auf einem Mosaik, wie Dionysos auf dem Panther reitet. Großartig ist an klaren Tagen die Aussicht vom Kynthos-Hügel: Naxos, Siros, Tinos und Mikonos leuchten im Licht der Ägäis. Die Schiffe legen ab 9 Uhr ab; die Überfahrt dauert 30 bis 40 Minuten.

Info
Pier 1
Geführte, englischsprachige Trips.
- Am alten Hafen von Mikonos-Stadt
Tel. 22 89 02 40 04 | www.pier1.gr

Santorin ⭐ [P21]

Santorin, amtlich Thira, gehört zu Griechenlands Superlativen. Schroff erhebt sich die Steilküste der Vulkaninsel fast 400 m hoch aus dem Meer. Die Orte Thira und Ia kleben am Rand des Kraters. Früher einmal wurde Santorin *Strongyle* genannt, was »die Runde« bedeutet. In ihrer Mitte, wo die Steilwände der Caldera (Kessel) gähnen, befand sich ein Vulkan. Vor 3500 Jahren explodierte er. Von seinem Kegel blieb jedoch ein Rest erhalten, der noch groß genug war, um besiedelt zu werden: das heutige Santorin.

Thira 1 [P21]

Vom Fährhafen Athinios führt die Serpentinenstraße hoch nach Thira. Ein Teil der weißen Häuser und Kapellen liegt dem Meer zugewandt auf der Kraterinnenseite. Von den Terrassen bietet sich ein grandioser Anblick: Schwarze Vulkaninseln liegen tief unten im Meer, blaue Kirchenkuppeln schweben über dem Abgrund. **50 Dinge** (21) › S. 14.

Ia 2 9 [P21]

In nördlicher Richtung zeichnet sich auf einer Klippe Ia vom Horizont ab. Die alte Kapitänssiedlung war 1956 bei einem Erdbeben zerstört worden. Viele der Häuser, darunter auch typische Höhlenwohnungen,

Santorin **Ägäische Inseln**

hat man jedoch mit großem Aufwand wieder aufgebaut. Legendär sind die Sonnenuntergänge, die man von Ia aus beobachten kann.

Kamari 3 [P21] und Alt-Thera 4 [P21]

Vom Ort Kamari an der Inselaußenseite führt eine Serpentinenstraße hinauf auf den Felssensattel mit den Ausgrabungen von **Archea Thira**. Zu Fuß sind Sie gut eine Stunde unterwegs. Oben erwarten Sie die Reste einer um 1000 v. Chr. gegründeten Siedlung. Sie war ca. 1000 Jahre lang ein kulturelles und wirtschaftliches Zentrum. Die überwiegend aus der hellenistischen Periode stammenden Häuser und Straßen sind stark zerstört, aber die Aussicht ist eine Wucht (Tel. 22 86 02 32 17, Di–So 8–15 Uhr). Erkunden Sie nach der Besichtigung den außergewöhnlich dunklen Kiesstrand von **Kamari**. Die Tische in den Tavernen sind schon gedeckt und Sonnenliegen stehen bereit.

Akrotiri 5 [P21]

Im Süden Santorins wird eine antike Stadt freigelegt. Die Siedlung wurde 1500 v. Chr. durch die gewaltige Vulkaneruption verschüttet. Die Menschen lebten in zwei- und dreistöckigen Häusern, die bereits über eine Abwasserentsorgung verfügten. Die Wohnräume waren mit Wandgemälden verziert. Die restaurierten Originale sind im Archäologischen Nationalmuseum Athen zu sehen › S. 58. Dargestellt waren unter anderem Antilopen und boxende Kinder (Tel. 22 86 08 19 39, tgl. außer Mo 8–20, im Winter 8–15 Uhr).

Info
Touristenpolizei Thira
• Tel. 22 86 02 26 49 | www.santorini.gr

Ägäische Inseln Vulkaninseln

 Karte S. 123

Verkehr
- **Flüge:** nach Athen, im Sommer nach Mikonos und Iraklion
- **Schiffverbindungen:** nach Piräus, Paros, Naxos, Ios, Tinos, Folegandros
- **Busverbindungen:** von Thira nach Akrotiri und Ia

Hotels
Panorama €€€
! 14 luxuriöse Studios am Kraterrand.
- Thira | Tel. 22 86 02 17 60
  www.panoramahotel.com.gr

Die Adressen von traditionellen **Höhlenwohnungen** in Ia (€€€) sind bei der EOT › **S. 152** erhältlich.

Nightlife
Franco's Bar
Bei einem Glas Wein oder Cocktail kann man hier zu klassischer Musik den Sonnenuntergang genießen; auch tagsüber lohnenswert. www.francos.gr

Ausflug zu den Vulkaninseln

Ausflüge zu den Lavainseln bieten Reiseunternehmen in Thira an. Ein Vulkankrater von 80 m Durchmesser auf der Insel **Nea Kameni** 6 [P21] stößt Schwefeldämpfe aus. Vielfarbiges Geröll umgibt Sie, stellenweise ist der Boden heiß. Bei **Palea Kameni** 7 [P21] sprudeln heiße Quellen für ein außergewöhnliches Bad im Meer, sie färben das Wasser braun.

Lesbos [R/S12/13]

Griechenlands drittgrößte Insel ist von Olivenhainen und dunkelgrünen Kiefernwäldern bedeckt – eine Landschaft, die zum Wandern einlädt. Auch Genießer regionaler Spezialitäten werden hier fündig: Der

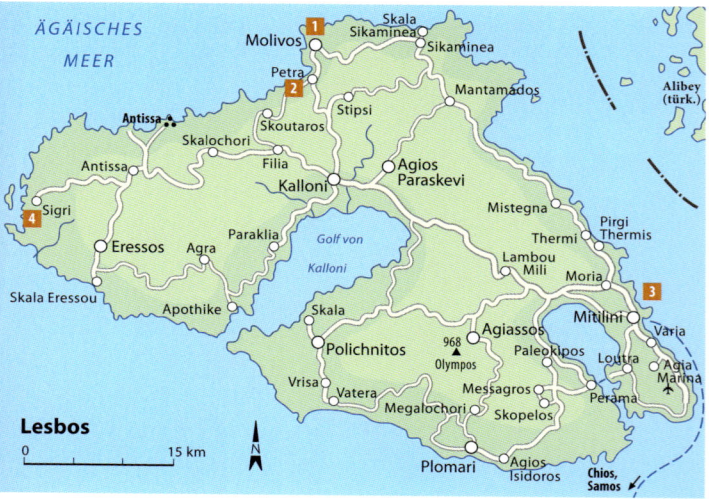

Karte S. 124, 125 — Lesbos, Chios **Ägäische Inseln**

milde Ouzo der Insel wird in ganz Griechenland besonders geschätzt (www.theworldofouzo.gr/de/).

Der Inselname klingt nicht zufällig bekannt: Die bedeutende Dichterin Sappho verfasste hier im 6. Jh. v. Chr. Lieder über die Schönheit ihrer Freundinnen und Schülerinnen. Auf Griechisch wird die Insel Mitilini genannt – wie ihr Hauptort. Im Norden liegt **Molivos** 1 [S12], das lebhafte Touristenzentrum der Insel. Wer eher Ruhe sucht, findet Sie im benachbarten Badeort **Petra** 2 [S12].

Die pittoreske Hafenansicht von **Mitilini** 3 [S12] (30 000 Einw.) beherrschen die silbernen Kuppeln der Kirche Agios Therapon. Westlich des Hafens liegt das antike Theater, das die Römer für Gladiatorenkämpfe nutzten. Das Archäologische Museum zeigt u. a. hellenistische und römische Funde, darunter auch das schöne Fußbodenmosaik aus dem »Haus des Menander« (Di bis So 8–15 Uhr).

Vor etwa 20 Mio. Jahren versteinerte an der Westküste von Lesbos ein Wald. Die Stämme in leuchtenden Farben stehen z. T. noch aufrecht. Mehrere Rundwege führen durch den Geopark, ein Museum im nahen **Sigri** 4 [R12] erklärt das Naturphänomen (im Sommer Mo bis Sa 9–18, So 10–18 Uhr, www.petrifiedforest.gr). **50 Dinge** ⑲ › S. 14.

Info
- **im Internet:** www.visit-mytilene.gr
- **Tourismusabteilung des Regionalbezirks Lesbos:** Tel. 22 51 04 74 37 oder 22 51 05 58 68

Verkehr
- **Flüge:** nach Athen, Samos, Chios, Thessaloniki
- **Schiffe:** Piräus, Samos, Chios
- **Busverbindungen:** Agiassos, Plomari

Hotel
Loriet Hotel €€€
Im stilvollen Herrenhaus Zimmer mit Deckengemälden, Park mit Pool, zum Strand sind es nur 20 m.
- Varia/Mitilini | Tel. 22 51 04 31 11
  www.loriet-hotel.com

Chios [R14/15]

Die abwechslungsreiche Insel gilt als Heimat Homers. An eine fruchtbare Gartenlandschaft schließt sich eine karge Gebirgsregion an. In **Chios-Stadt** (25 000 Einw.) erahnen Sie den Glanz vergangener Zeiten: Der osmanische Sultan hatte die Insel mit Privilegien ausgestattet – nur

Ägäische Inseln Chios

Karte S. 125

Das einstige Fischerdorf Kokkari besitzt einen schönen Kieselstrand

hier durfte Mastix, das aromatische Harz aus der Rinde des Mastixstrauchs, geerntet werden. Das Mastixdorf Pirgi im Inselsüden überrascht mit geometrischen Mustern auf weißen Mauern und einem Dorfplatz wie im Märchen. Sehenswert sind die Schiffsmodelle im **Schifffahrtsmuseum** in Chios-Stadt, sie sind auch für Kinder interessant (Mo–Sa 10–14 Uhr, www.chioson line.gr/maritimemuseum.asp).

Die im 11. Jh. entstandenen goldgrundigen Mosaiken des Klosters **Nea Moni** (UNESCO-Weltkulturerbe) am Fuß der Berge (mit dem Taxi erreichbar) sind Meisterwerke der byzantinischen Kunst. Eine Vitrine mit Gebeinen und Schädeln erinnert an die Abertausende Chioten, die 1822 während des Freiheitskampfes von den türkischen Besatzern erschlagen wurden.

Info
- **im Internet:** www.chios.gr
- **Tourismusbüro von Chios:** Tel. 22 71 35 05 14, 22 71 35 07 23 oder 22 71 02 44 42

Verkehr
- **Flüge:** nach Athen, Thessaloniki, Lesbos und Samos
- **Schiffsverbindungen:** nach Piräus, Lesbos und Samos
- **Busverbindungen:** von Chios-Stadt nach Mesta, Olimbi und Pirgi

Hotels
Grecian Castle Hotel €€€
Ca. 1 km von Chios-Stadt an der Hauptstraße. Fünf Häuser im klassizistischen Stil mit insgesamt 51 Zimmern. Restaurant, Pool.
- Chios
  Tel. 22 71 04 47 40
  www.greciancastle.gr

Ilioxenia €€
Einfache Studios am Strand.
• Ag. Fotini | Chios
Tel. 22 71 05 11 26
www.ilioxenia-chios.gr

Samos [S/T17]

Ein süßer Genuss ist nicht nur der Dessertwein, der den Namen der Insel trägt. Am Hafen von **Samos-Stadt** (11 000 Einw.) lässt es sich abends gemächlich promenieren. Ursprüngliches Flair besitzt die nahe Altstadt **Vathi**. Ihre Häuser steigen malerisch den Hang an. In der Abendfrische ein empfehlenswerter Spaziergang.

Zu den Attraktionen von Samos-Stadt zählt auch das Archäologische Museum. Dort sehen Sie u. a. die riesige Statue eines Kouros, eine annähernd 5 m hohe Männergestalt. Funde in dieser Größe sind selten.

Eine Inseltour mit dem Mietwagen führt Sie entlang der Nordküste über die Dörfer **Kokkari** und **Agios Konstantinos** mit schönen Ausblicken aufs Meer. Ab dem Hafenstädtchen **Karlovassi** gelangen Sie zu den höchsten Bergen der Ägäis (Kerkis 1433 m). An der Südostküste laden die Ruinen des einst größten Heratempels der antiken Welt, des **Heraion**, zum Stopp. Der Name von **Pithagorion** erinnert an den auf der Insel geborenen Mathematiker Pythagoras. Am Fischerhafen machen Tavernen Lust auf eine Rast mit Blick auf die türkische Küste. Das Dorf ist touristisch voll erschlossen, hat aber dennoch viel Charme bewahrt. Und es ist eine gute Station, um den Inselsüden zu erkunden.

Info

• **im Internet:** http://visit.samos.gr, www.samos.de, www.insel-samos.net
• **Tourismusabteilung des Regionalbezirks Samos:** Tel. 22 73 35 04 01, 22 73 02 85 30 oder 22 73 02 85 82

Verkehr

• **Flüge:** nach Athen, Thessaloniki, Chios und Lesbos
• **Schiffsverbindungen:** nach Piräus, Chios und Lesbos

Hotel

Kerveli Village €€
Ruhig und familiär, an einer Felsbucht bei Posidoni, in einer schönen Gartenanlage. Gepflegte Zimmer, Pool.
• Kerveli | Samos
Tel. 22 73 02 30 06
www.kerveli.gr

KRETA

Kleine Inspiration

- **Den Sonnenuntergang bewundern** bei einem Drink am Hafen von Chania › S. 132
- **Die schattige Kühle genießen** bei einer Wanderung durch die Samaria-Schlucht › S. 132
- **Eine Lektion in kretischer Geschichte nehmen** im Kloster Arkadi › S. 133
- **König Minos seine Reverenz erweisen** im Palast von Knossos › S. 135
- **Im Palmenschatten dösen** und Südseeatmosphäre schnuppern am Strand von Vaï › S. 135

Karte
S. 130

Tour 11 | 12 **Kreta**

Einzigartige Relikte minoischer Kultur in Knossos, Phaistos und Kato Zakros, venezianisches Flair in Chania und Rethimnon, Naturerlebnis in der Samaria-Schlucht, palmengesäumte Strände bei Preveli und Vaï.

Kreta, fruchtbar und gebirgig, legt Zeugnis ab von einer jahrtausendealten Kultur. Der 4000 Jahre alte minoische Palast von **Knossos** ist weltbekannt. Andere wie **Festos** an der Südküste und **Kato Zakros** ganz im Osten erfordern ein schönes Stück Fahrt durchs unbekannte Kreta. An der Nordküste liegen die alten venezianischen Hafenstädte **Chania, Rethimnon** und die Hauptstadt **Iraklion.** Die meisten Gäste sonnen sich an den langen Stränden im Norden, hier befinden sich die großen Ferienorte wie Bali, Chersonissos und Malia. Im Süden fällt die Küste steiler ab und die zumeist kleinen Buchten sind oft schwer erreichbar. Bekannte Ferienorte dort sind das lebhafte Hafenstädtchen **Agia Galini** und **Matala,** in dessen Felswand sich einst Wohnhöhlen befanden.

Mehr als 2000 m hohe Gebirgszüge prägen die Insel des Zeus. Mit ihren Schluchten und Hochebenen wie der **Samaria-Schlucht** und der **Lassithi-Ebene** formen sie eine Landschaft, die wie geschaffen zum Wandern ist. Legendär sind Kretas Klöster. In **Arkadi** starben 1866 Hunderte Menschen für die Unabhängigkeit. Das Kloster **Moni Toplou** ist entlegen, aber wohlhabend – wie ganz Kreta: eine Schatzinsel im äußersten Süden Europas!

Touren in der Region

Kretas Westen

Route: Rethimnon › Chania › Samaria-Schlucht › Chania

Karte: Seite 130
Länge: 3 Tage; 110 km
Praktischer Hinweis:
- Von Mai–Okt. fahren frühmorgens Busse von Chania zum Schluchteinstieg. Am Schluchtende Bootstransfer nach Chora Sfakion, von dort per Bus zurück.

Kreta ist mit Traumstränden reich gesegnet – hier Balos im Nordwesten

Tour-Start:

Rethimnon **3** › **S. 132** nimmt Sie gleich zu Beginn der Tour mit seinem venezianischen Charme gefangen. Stöbern Sie in den überquellenden Lädchen der Gassen und suchen Sie sich einen Tisch in den Tavernen am venezianischen

Hafen. Schlendern Sie über die ausgedehnte Festung, bewundern Sie minoische Kunst im Archäologischen Museum, relaxen Sie am Sandstrand. Nach einer Übernachtung fahren Sie dann entlang der sanft geschwungenen Nordküste über Dörfer wie Georgioupoli, an dessen Platia Sie in einer urigen Dorftaverne rasten können, nach **Chania** 1 › **S. 132**. Entdecken Sie dort die orientalisch anmutenden Markthallen mit dem riesigen Angebot an Fisch, Obst und Gemüse. Und staunen Sie dann über die Moschee am Hafenbecken mit ihrer großen, weit sichtbaren Kuppel. Am nächsten Morgen heißt es früh aufstehen; denn es lockt die Durchquerung der **Samaria-Schlucht** 2 › **S. 132**, der längsten Schlucht Europas. Der Abstieg vorbei an duftenden Kiefern ist mühsam, dann geht es durch das Bachbett voller Geröll, rechts und links rücken die Felswände immer näher, bei den »Eisernen Toren« ist der Durchgang nur noch 3 bis 4 m breit. Allmählich weitet sich die Schlucht wieder, das Meer kommt in Sicht, Sie haben es geschafft! Nach einer Pause in Agia Roumeli steigen Sie ins Boot nach Chora Sfakion an der menschenleeren Küste des Libyschen Meeres. In Chora Sfakion warten bereits die Linienbusse zurück nach Chania.

Touren auf Kreta

Tour 11

Kretas Westen Rethimnon › Chania › Samaria-Schlucht › Chania

Karte S. 130

Tour 12: Minoische Paläste **Kreta**

Minoische Paläste

Route: Rethimnon › Festos (Phaistos) › Knossos › Iraklion

Karte: Seite 130
Länge: 2 Tage; 140 km
Praktische Hinweise:
- Kaufen Sie in Knossos ein »Special Ticket Package« für den Besuch von Knossos und das Archäologische Museum in Iraklion. So brauchen Sie im Archäologischen Museum nicht an der Kasse anzustehen.

Tour-Start:

Die Landschaft um **Rethimnon** 3 › **S. 132** wird geprägt vom mehr als 2000 m hohen Idagebirge, das Sie auf dieser Tour im weiten Bogen umrunden. Starten Sie frühmorgens in Rethimnon zur serpentinenreichen Fahrt nach Phaistos (Festos), damit Sie nicht in der Mittagshitze über das schattenlose Ausgrabungsgelände gehen müssen. Ihr Ziel ist der minoische Palast, den im 2. Jt. v. Chr. Erdbeben zerstörten. Treppen, Theaterstufen, Mauerreste – und über alles hinweg reicht der Blick auf die Messara-Ebene. Imposant, doch Ihr Weg führt Sie zu einem noch viel berühmteren Palast:

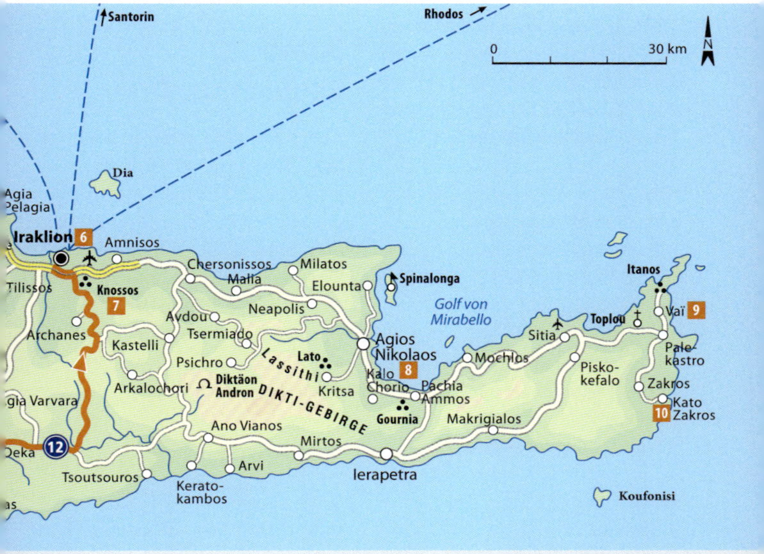

Tour 12
Minoische Paläste Rethimnon › Festos (Phaistos) › Knossos › Iraklion

Über Agii Deka und später weiter Richtung Archanes (nicht zum Dorf abbiegen) fahren Sie nach **Knossos** **7** › S. 135. Der Palast (Weltkulturerbe der UNESCO) ist bei aller Zerstörung sehr beeindruckend. Vor allem die wiederhergestellten Fresken sind Zeugen der vergangenen minoischen Hochkultur. Sie können aber noch mehr über die Minoer erfahren: Am Ende Ihres Trips wartet nämlich **Iraklion** **6** › **S. 134** mit dem Archäologischen Museum und Fundstücken aus Knossos und anderen Palästen. Stürzen Sie sich dann in der größten Stadt der Insel, in der Sie übernachten sollten, auch ins kretische Leben und genießen Sie an der Platia Venizelou Ihren Kaffee.

Unterwegs auf Kreta

Chania **1** ★ [E/F9]

Chania (60 000 Einw.) verdankt sein Flair den venezianischen und türkischen Bauten in der Altstadt und am Hafen der nahen **Janitscharenmoschee**. Rege Betriebsamkeit herrscht v. a. tagsüber in der kreuzförmigen **Markthalle. 50 Dinge** (12) › S. 13.

Info
- **im Internet:** www.chania.eu
- **Tourismusbüro Chania:**
  Tel. 28 21 34 16 66, 28 21 09 29 43

Verkehr
- **Flüge:** nach Frankfurt, Hamburg, Hannover, Leipzig, Düsseldorf, Berlin, Stuttgart, München und Athen
- **Schiffsverbindungen:** nach Piräus

Hotel
Amphora €€€
Lauschige venezianische Villa am Hafen, zentrums- und strandnah.
- Parodos Theotokopoulou 20
  Chania | Tel. 28 21 09 32 24
  www.amphora.gr

Restaurants
Die Tavernen in der Markthalle bieten vorzüglichen Fisch an.

Samaria-Schlucht **2** ✯ [F9]

Kretas berühmte Schlucht ist 18 km lang. Senkrecht wachsen die Felswände in den Himmel – die schmalste Stelle misst nur ca. 3 m! Mittendrin stehen die Steinhäuser von Samaria, wo sich in Besatzungszeiten kretische Widerstandskämpfer versteckten. Die Bewohner mussten umsiedeln, als die Schlucht 1965 Naturreservat wurde.

Rethimnon **3** ★ [F9]

Rethimnon hat einen 15-km-Strand samt altem Hafen mit bunten Häusern und netten Lokalen. Über der verwinkelten Altstadt ragt **!** die venezianische Festung auf. Im August findet das Renaissance-Festival mit Musik und Theater statt.

Info

Informationsbüro
- Strandpromenade | Rethimnon
  Tel. 28 31 02 91 48 | www.rethymnon.gr

Verkehr
- **Busverbindungen:** nach Chania, Iraklion, Arkadi und Preveli

Hotels

Fortezza €€
Hübsches Hotel, zentral beim Hafen. Zimmer im kretischen Stil, Pool.
- Melissinou 16 | Rethimnon
  Tel. 28 31 05 55 51 | www.fortezza.gr

Mantenia €€
5 km von Rethimnon. 22 Zimmer, Garten, Tennisplätze und Pool.
- Platanes | Rethimnon
  Tel. 28 31 05 51 64
  www.manteniahotel.gr

Restaurant

Alana €€
Lamm, Fisch oder Pasta auf der lauschigen Terrasse unter Bäumen genießen.
- Salaminos 15 | Rethimnon
  Tel. 28 31 02 77 37
  www.alana-restaurant.gr

Ausflüge ab Rethimnon

Nach Preveli 4 [F9]

Lust auf eine kleine Oase? Packen Sie ein Picknick ein und fahren Sie nach Süden bis Preveli (ca. 40 km). Etwa 1,5 km vor der Straße zum Kloster Piso Preveli geht es links über einen holprigen Weg zum Parkplatz, von dem aus Sie auf eine zauberhafte Szenerie blicken: Palmen säumen einen Fluss, der sich durch ein schmales Tal zum Meer schlängelt. Steigen Sie den steilen Pfad hinunter und erfrischen Sie sich im Meer.

Zum Kloster Arkadi 5 [F9]

5 km östlich von Rethimnon biegt eine kurvenreiche Straße von der Autobahn landeinwärts ab und zieht sich an einer Schlucht entlang den Berg hinauf. Dort oben liegt nach weiteren 10 km einsam das kretische Nationaldenkmal Kloster Arkadi, Symbol für den Widerstand gegen die türkischen Besatzer im 19. Jh. Dort sprengten sich 1866 in aussichtsloser Lage fast 1000 eingekesselte Kreter angesichts der türkischen Übermacht selbst in die Luft. Im Kloster können Sie ein kleines Museum besuchen.

In der Samaria-Schlucht

Kreta Iraklion

Stierfresko im Palast von Knossos

Iraklion 6 [G9]

Die beste Aussicht auf die kretische Hauptstadt (170 000 Einw.) hat man vom venezianischen Hafen mit der Zitadelle **Koules** (1523–1540). Der Weg in die Altstadt führt durch die Odos 25 Avgoustou zur **Platia Eleftherias Venizelou**, benannt nach dem ehemaligen Ministerpräsidenten. Venedigs Statthalter Francesco Morosini ließ hier 1628 den **Löwenbrunnen** erbauen.

In der berühmten **Odos 1866,** der lebhaften Marktgasse, die am **Bembo-Brunnen** endet, geht es zu ! wie auf einem Basar. Im nahen türkischen Brunnenhaus kann man in orientalischer Atmosphäre einen köstlichen, original griechischen Mokka schlürfen. **50 Dinge** (39) › S. 16.

Das **Archäologische Museum** an der Platia Venizelou zeigt ! Funde aus den minoischen Ausgrabungsstätten Kretas, darunter den Diskus von Festos, die Goldenen Bienen aus Malia, das Stierkopf-Rhyton und die Schlangengöttin. Viele Exponate stammen aus Knossos.

Ein Besuch im Museum bietet Einblicke in das Leben der Minoer. In einer gesonderten Ausstellung sind minoische Wandmalereien zu bewundern. Hauchdünne Eierschalenkeramiken sind ebenso zu sehen wie das Stadtmosaik von Knossos (www.heraklionmuseum.gr).

Info
- **Info-Kiosk:** Platia Liontaria, Tel. 28 13 40 97 77
- **im Internet:** www.incrediblecrete.com, www.heraklion.gr/en
- **Direktion für Tourismus der Region Kreta:** Tel. 28 13 40 03 90

Verkehr
- **Flüge:** nach Athen, Rhodos und Thessaloniki
- **Schiffsverbindungen:** nach Piräus, Rhodos, und auf die Kykladen in der Saison

Hotels
Out of the Blue €€€
Luxus pur, Zimmer und Bungalows mit Garten, Ausstattung in Holz und Marmor.
- Agia Pelagia | Iraklion
Tel. 28 10 81 11 12
www.capsis.com

Hotel Lena €–€€
Einfaches Hotel in der Stadt, Zimmer auch für vier Personens.
- Lahana 10 | Iraklion
Tel. 28 10 22 32 80 | www.lena-hotel.gr

Karte S. 130

Knossos, Agios Nikolaos, Vaï, Kato Zakros **Kreta**

Restaurants

Mehrere Tavernen in den Seitengassen der Odos 1866. An der Platia Venizelou trifft man sich bereits zum Frühstück. Die Cafés servieren aber den ganzen restlichen Tag über die Grießspezialität *bougatsa,* süß oder mit Schafskäse.

Knossos 7 [G9]

! Kretas berühmteste Sehenswürdigkeit – 40 Jahre lang hat Sir Arthur Evans die vor 4000 Jahren versunkene Anlage freigelegt. Dabei ist umstritten, wie weit die Rekonstruktion dem früheren Aussehen des Palastes entspricht. Im Saal von König Minos sieht man seinen Alabasterthron, in den Vorratsräumen stehen riesige Tonkrüge. Die Gemächer der Königin sind mit anmutigen blauen Delfinfresken bemalt (im Sommer Di–So 8–20, sonst bis 18 Uhr).

Agios Nikolaos 8 [G9]

Der Ort an der **Mirabello-Bucht** ist das Saint-Tropez von Kreta – ein Platz, ideal zum Promenieren und Frappé-Trinken, vor allem am grünen Voulismeni-See mitten im Ort. Im Sommer herrscht an den Stränden ringsum lebhafteste Ferienstimmung.

Hotel

Vasia Ormos €€
Ruhiges Hotel mit Pool und Aussicht – ein wunderbarer Ort zum Entspannen.
• Sisi Lasithiou
Tel. 28 41 07 10 01
www.vasiabeach.gr

Ausflug nach Vaï 9 [H9] und Kato Zakros 10 [H9]

Wagen Sie sich in die Einsamkeit, immer Richtung Osten. So kommen Sie zum entlegenen Kloster **Moni Toplou**. Arkaden säumen den Innenhof, in der Kirche sind kostbare Ikonen im Licht der Kerzen zu entdecken. Im Shop können Sie echte Ikonen erwerben, bevor Sie weiter zum Palmenstrand **Vaï** fahren. Über Palekastro und Zakros gelangen Sie nach **Kato Zakros**: Die Reste eines minoischen Palastes erstrecken sich hier vor steil aufragenden Felswänden. In den Tavernen an der Platia von Zakros kann man sich stärken.

SEITENBLICK

Wanderparadies Kreta
Grandiose Berglandschaften, einsame Täler und wilde Schluchten machen Kreta zu einem Dorado für Wanderer. Die berühmteste Route ist zweifellos die **Samaria-Schlucht** › S. 132. Eine weitere Traumstrecke führt von Zakros durch das **Tal der Toten** (alte Felsengräber) nach Kato Zakros (mittelschwer, ca. 3 Std.) › oben. Weitere Highlights: die wilde **Imbros-Schlucht** (mittelschwer, ca. 3 Std.), die tief eingeschnittene **Rouwas-Schlucht** oder eine leichte Tour von **Georgioupoli** mit Küstenblick ins Dorf **Likotinarea** und wieder zurück (3 Std.). Infos und Touren z. B. bei:
• **The Happy Walker**
Tel. 28 31 05 29 20
www.happywalker.com

RHODOS

Kleine Inspiration

- **Die Altstadt von Rhodos umrunden** bei einem Spaziergang entlang der Festungsmauer › S. 140
- **Unter Arkaden flanieren** durch eine gepflegte Parkanlage in den Thermen von Kalithea › S. 141
- **Die hervorragenden Inselweine probieren** in einer der Kellereien in Embonas › S. 141
- **In der Tsambika-Bucht schwimmen** mit Blick auf die Steilküste und das gleichnamige Kloster › S. 141
- **Den Blick über die Bucht von Lindos genießen** von der Freitreppe der Akropolis › S. 141

Karte S. 139

Tour 13 | 14 **Rhodos**

Eindrucksvolle Hinterlassenschaften des Johanniterordens in Rhodos-Stadt, herrliche Waldpfade und Bäche im Schmetterlingstal, Weingüter bei Embonas, antike und byzantinische Architektur auf der Akropolis von Lindos.

Als der Sonnengott Helios einst die Insel Rhodos aus dem Meer auftauchen sah, verzichtete er auf einen Sitz im Olymp und wählte Rhodos als Wohnort. Heute lockt die faszinierende Hauptinsel des Dodekanes mit ihren mehr als 230 km Küste den ganzen Sommer über sonnenhungrige Urlauber in Scharen an.

Der wirklich pittoreske Inselhauptort **Rhodos-Stadt** umgarnt Sie mit einer zinnenbewehrten Stadtmauer samt Türmen und Toren. In den Gassen warten kleine Läden auf Ihren Besuch, in der Neustadt verführen die *zacharoplastia* (Zuckerbäckereien) mit süßen Köstlichkeiten zu genussvollen Pausen. Die völlig intakte Ritterstraße und der Großmeisterpalast versetzen Sie in die großen Zeiten des Johanniterordens zurück. Die Baumeister des Ordens haben überall auf der Insel ihre Spuren hinterlassen, etwa das Kloster bei **Filerimos** oder die Burg von **Monolithos** an der stilleren Westküste der Insel. Auch aus der osmanischen (1522–1912) und italienischen (1912–1947) Zeit der Insel sind ausdrucksstarke Baumonumente erhalten, wie etwa an der viel besuchten Ostküste die stadtnahen Thermen von **Kalithea**. Die Arkaden und die Kuppel über dem Badebecken wurden unter italienischer Herrschaft errichtet. Die Attraktion an der Ostküste ist **Lindos**. Burgmauern und Tempelsäulen überragen auf hohen Felsen das strahlende Weiß der Häuserwürfel. Ein Bad bei Lindos erfrischt ganz besonders, wenn Sie zuvor auf die Akropolis gestiegen sind.

Ganz im Süden treffen sich immer mehr Surfer am entlegenen Kap von **Prasonisi**. Lange Strände ziehen sich auch jenseits der Südspitze von Rhodos weiter die Westküste hinauf. Sie geben ein Versprechen ab: Auf der Insel des Helios finden Sie Ihr Plätzchen in der Sonne.

Oben: Mandraki-Hafen, Rhodos
Links: Lindos, die »weiße Stadt«, liegt zu Füßen der Akropolis

Karte
S. 139

Touren in der Region

 Zur Akropolis von Lindos

Route: Rhodos-Stadt › Archangelos › Lindos › Kalithea › Rhodos-Stadt

Karte: Seite 139
Länge: Tagestour; 110 km
Praktische Hinweise:
- In Lindos kann es sehr voll werden, am besten den Besuch auf den frühen Vormittag oder Abend legen.
- Nehmen Sie Badesachen mit. Die Thermen von Kalithea (kein Heilwasser) sind tgl. 8–20 Uhr geöffnet.

Tour-Start:

Ein wunderbarer Trip entlang der Ostküste. Genießen Sie den Blick auf die großartige Tsambika-Bucht tief unten am Meer. Die besten Fotos machen Sie gleich jetzt, mit dem Panorama der Küste vor sich. Das ruhige Dorf Archangelos liegt südlich des unverbauten Strandes. In den Gassen werden Töpferarbeiten verkauft. Dann haben Sie schon Ih Ziel erreicht: **Lindos 5** › **S. 141**. Schlendern Sie durch die Gassen, wo sich Souvenirläden, Snackbars und Tavernen aneinanderreihen. Wenn die Mittagshitze vorbei ist, steigen Sie auf zur Akropolis. Die herrliche Aussicht wird Sie für die Mühen belohnen! Auf Ihrer Rückfahrt können Sie bei den Thermen von Kalithea › **S. 141** baden gehen.

 Entlang der Westküste

Route: Rhodos-Stadt › Filerimos › Kamiros › Kamiros Skala › Embonas › Monolithos › Rhodos-Stadt

Karte: Seite 139
Länge: Tagestour; ca. 75 km (einfache Strecke)
Praktische Hinweis:
- In Embonas können Sie rhodische Weine probieren, z. B. bei Ta Kelaria, Tel. 22 46 04 14 96.

Tour-Start:

Hier erwartet Sie ein Programm für kulturelle wie kulinarische Genießer. Starten Sie früh in Rhodos-Stadt. So liegt nach 17 km die Morgensonne über Filerimos. Auf dem Hügel voller Kiefern und Zypressen haben die Johanniter 1480 ein beschauliches Kloster errichtet. Die Grundmauern, über die Sie im Park spazieren, gehören zu einem Tempel und Brunnenhaus der antiken Stadt Ialissos aus dem 3./4. Jh. v. Chr. Herrlich ist der weite Blick über die Landschaft. 30 km südlich schmiegt sich die Ausgrabungsstätte von Kamiros in einem Pinienhain an den Hang. Oberhalb der Zisterne, die die Bewohner mit Trinkwasser versorgte, lässt sich die Bauweise einer Stadt aus dem 3. Jh. v. Chr. erkennen. Öffentliche Gebäude und Tempel lagen sehr nahe beisam-

Tour 13 | 14 **Rhodos**

Touren auf Rhodos

Tour ⑬
Zur Akropolis von Lindos Rhodos-Stadt › Archangelos › Lindos › Kalithea › Rhodos-Stadt

Tour ⑭
Entlang der Westküste Rhodos-Stadt › Filerimos › Kamiros › Kamiros Skala › Embonas › Monolithos › Rhodos-Stadt

men; gegenüber standen Wohnhäuser. Ihre Eindrücke können Sie am winzigen Fischerhafen Kamiros Skala weiter auf sich wirken lassen. In den Tavernen wird frischer Fisch zubereitet. Gestärkt geht es nun in die Berge. Das lebhafte Embonas › S. 141 ist bald erreicht, in Weinhandlungen können Sie die rhodischen Weine kosten. Wer zu tief ins Glas geschaut hat, kann im Ort übernachten. Ansonsten geht es weiter nach Monolithos, dem 250 m hohen Felskegel mit den Ruinen einer Johanniterburg, und zurück nach Rhodos-Stadt.

Verkehrsmittel

Rhodos' **Flughafen** liegt 5 km südlich der Stadt bei Paradisi. Inlandsflüge nach Athen, Thessaloniki und Iraklion.
Nach Piräus, Kreta, zu den Kykladen und Dodekanes-Inseln verkehren **Schiffe** und Highspeeds, Fahrpläne unter www.gtp.gr.
Busse fahren über die ganze Insel, Infos unter www.ktelrodou.gr; Busbahnhof in Rhodos-Stadt an der Nea Agora.

Infos

- **im Internet:** www.helios.gr
- **Stadt Rhodos:** www.rhodes.gr, Tel. 22 41 03 59 45

Unterwegs auf Rhodos

Rhodos-Stadt 1 ★ [K7]

Hauptort der größten Dodekanes-Insel ist Rhodos-Stadt (57 000 Einw.). Ihre Altstadt verbirgt sich hinter einer 4 km langen mittelalterlichen Festungsmauer, die vom Ritterorden der Johanniter, der von 1309 bis 1522 über die Insel herrschte, erneuert wurde. Rhodos-Stadt war der Sitz ihres Großmeisters.

Hirsch und Hirschkuh bewachen auf hohen Säulen die Mole des Mandraki-Hafens. Früher glaubte man, dass der Koloss von Rhodos, eines der Sieben Weltwunder, im 3. Jh. v. Chr. an der Hafeneinfahrt stand. Er war jedoch beim Heliostempel, wo sich jetzt der Großmeisterpalast befindet, aufgestellt.

Der imposante **Großmeisterpalast** 12 stammt aus dem 14. Jh. Die Italiener, die Rhodos 1912 besetzten, bauten ihn wieder auf. Zum Palast führt die **Ritterstraße** mit ihrem gut erhaltenen Straßenbild des 15./16. Jhs., gesäumt von den Herbergen der Ritterorden. Unterhalb der rosaroten Süleyman-Moschee reihen sich in der Straße **Sokratous** Geschäfte wie in einem Basar aneinander. In der Nummer 76 bietet ein altes **Kafenio** Gelegenheit zu einem griechischen Kaffee, bevor es weiter durch bogenüberspannte Gassen ins Türkenviertel geht.

Das **Archäologische Museum** (im Ordenshospital) zeigt Kunstwerke von der mykenischen bis zur späthellenistischen Epoche und ist in seiner Art einzigartig auf Griechenlands Inseln.

Karte S. 139

Embonas, Tsambika-Bucht, Lindos **Rhodos**

Ein lohnender Ausflug führt zu den nur 9 km von Rhodos-Stadt entfernten **Thermen von Kalithea**. Die ehemalige Bäderanlage ist mit Ausstellungen, einem Café am Meer und einem kleinen Sandstrand ein herrlicher Ort zum Entspannen.

Hotel
Olympos Pension €
Ruhig, zentral und gemütlich. Besitzer Jorgos spricht Deutsch.
- Fanouriou 54 | Rhodos
  Tel. 22 41 03 35 67
  www.pension-olympos.com

Restaurant
Romeo €€
In der Taverne mit griechischer Küche sitzt man schattig unter Bäumen.
- Odos Sokratous & Menekleous
  Rhodos | Tel. 22 41 02 51 86
  www.romeo-restaurant.com

Schmetterlingstal 2 [J7]

Das Tal (griechisch: *Petaloudes*) in der Nähe von Kremasti an der Westküste lockt im Juli und August dank der Amberbäume Schwärme von Harlekinfaltern an. Auch ohne die Falter lohnt sich ein Besuch.

Embonas 3 [J7]

In den Gassen des Bergdorfs, das zum Standardprogramm von Inselrundfahrten gehört, werden Webteppiche angeboten. Mehrere Kellereien produzieren gute Inselweine, die Sie vor Ort kosten können.

Hotel
Ataviros Hotel €
Hotel mit 20 einfachen Zimmern. Die Besitzerin kocht in der angeschlossenen Taverne nach alten Familienrezepten.
- Embonas | Tel. 22 46 04 12 35
  www.ataviroshotel.gr

Tsambika-Bucht 4 [K7]

Serpentinen schrauben sich hinunter zur unverbauten Traumbucht von Tsambika. Tiefer Sand, Liegestühle, und Wassersportangebote – das alles verspricht einen perfekten Erholungstag.

Lindos 5 ★ [K8]

Das Bilderbuchdorf an der Ostküste klebt am Felsen über einer türkisfarbenen Bucht. Oberhalb der weißen Würfelhäuser erhebt sich der ❗ **Burgberg mit der antiken Akropolis**. Hinter der Befestigung und dem Gouverneurspalast der Ritterburg liegt das antike Heiligtum. Besonders sehenswert sind das Schiff-Relief, die dorische Säulenhalle sowie der dorische Tempel der Athena Lindia, der am Rand des jäh abfallenden Felsens steht (Di.–So. 8–20, Nov.–Apr. 8–15 Uhr). Einladend ist die **Apostel-Paulus-Bucht** auf der anderen Seite des Dorfes. An dieser Stelle soll der Apostel Paulus im Jahre 51 n. Chr. während eines anhaltenden Sturms an Land gegangen sein. Ihm zu Ehren wurde später die weiß getünchte Kapelle Agios Pavlos errichtet.

KORFU

Kleine Inspiration

- **Den Kricketspielern zusehen** von einem der Arkadencafés an der Esplanade in Korfu-Stadt › S. 145
- **Die Atmosphäre genießen** im Byzantinischen Museum bei gedämpfter Musik › S. 146
- **Die Sonne abends rot im Meer versinken sehen** vom Aussichtspunkt »Kaiserthron« bei Pelekas › S. 146
- **Die Herzensheimat von Kaiserin Sisi kennenlernen,** das traumhaft gelegene Achilleion › S. 146
- **Ein Sonnenbad nehmen** auf den Sandsteinklippen am Westende der Bucht von Sidari › S. 147

Karte S. 145

Tour 15 | 16 **Korfu**

Italienisches Flair und britische Vergangenheit in Korfu-Stadt, Sisi-Reminiszenzen im Achilleion, trubeliges Strandleben in Roda und Acharavi, malerische Buchten und ein schmuckes Kloster bei Paleokastritsa.

Korfu (gr. *Kerkira*) ist die siebtgrößte Insel Griechenlands. Die malerische Altstadt des gleichnamigen Hauptortes gehört zum UNESCO-Weltkulturerbe. Über die Esplanade flanieren, in den Museen Ikonen und asiatische Kunst bestaunen, in den Boutiquen shoppen – Motive für Selfies gibt es in Hülle und Fülle.

Ihre Vielfältigkeit macht die Insel im Ionischen Meer beliebt, im Sommer ist sie ein Hotspot für Sonnenanbeter. Die langen Sandstrände im Norden bei **Roda** und **Acharavi** versprechen Badespaß ohne Ende. Im Südosten finden Sie die größten Ferienorte wie **Moraitika** und **Messongi** mit zahlreichen Discos und Bars. Etwas ruhiger geht es an der Westküste zu. Im Nordteil der Westküste, besonders an den Felsenbuchten von **Paleokastritsa**, aber auch an der geschwungenen Bucht von **Agios Georgios** gibt es Hotels, Bars, Tavernen und jede Menge Wassersport.

Wandern können Sie herrlich an der Lagune von **Korission**, aber auch im Inselinnern. Unvergesslich sind die Wege bei den Bergdörfern im Norden, vorbei an terrassierten Hängen für die höchsten Olivenbäume, die in Griechenland wachsen.

Touren in der Region

 ## Rund um den Pantokrator

Route: Korfu-Stadt › Agios Markos › Kalami › Kassiopi › Acharavi › Roda › Sidari › Korfu-Stadt

Karte: Seite 145
Länge: 1 Tag; 160 km
Praktische Hinweise:
- Wer per Bus reist, sollte in Sidari übernachten.

Tour-Start:

Ein Tag ganz im Zeichen von Bergen und Meer: Folgen Sie ab **Korfu-Stadt** 1 › S. 144 der Küste nach Norden. Bei Pirgi führt ein kleiner Abstecher hinauf zum harmonisch in die Hügellandschaft gebetteten Bergdorf Agios Markos.

Über die Bauerndörfer Sokraki und Zigos weiterfahrend, nähern Sie sich dem höchsten Gipfel Korfus, dem Pantokrator (906 m). Über Spartilas schrauben Sie sich auf serpentinenreicher Straße wieder hinunter zur Küste. Zwischen den Bäumen leuchtet blau das Ionische

Klosterinsel Vlacherna

Meer. In dem Küstenweiler Kalami lebte eine Zeit lang der englische Schriftsteller Lawrence Durrell. Sie fahren von seiner hübschen Bucht weiter und erhaschen Blicke auf die menschenleere Küste Albaniens. Der Fischerort **Kassiopi** 5 › S. 147 lädt zu einer Pause ein. Später gelangen Sie, vorbei an den Stränden von Acharavi und Roda, nach **Sidari** 4 › S. 147. Wind und Wellen haben dort eine bizarre Küstenlandschaft aus Fjorden und hellgelben Lehmklippen geschaffen.

Zum Kloster von Paleokastritsa

Route: Korfu-Stadt › Lakones › Angelokastro › Paleokastritsa

Karte: Seite 145
Länge: 1 Tag; 50 km (einfach)
Praktische Hinweise:
- Das Kloster von Paleokastritsa bitte nur in angemessener Kleidung betreten; die Öffnungszeiten erfährt man unter Tel. 26 62 04 12 10.

Tour-Start:
Begeben Sie sich auf eine Panoramatour quer über die Insel: Erst fahren Sie von **Korfu-Stadt** 1 › **unten** ein Stück nordwärts die Küste entlang, um dann abzubiegen in Richtung Liapades.

Vorbei an Feldern und Olivenhainen erreichen Sie Lakones. Vom nahen »Balkon des Ionischen Meeres« sehen Sie tief unter sich Ihr Ziel: die zerklüfteten Buchten von Paleokastritsa. Das Kloster leuchtet weiß auf einem der Felsen. Einige Kehren weiter, auf der Höhe von Krini, thront die byzantinische **Festung Angelokastro** › S. 147, was so viel wie Engelsburg bedeutet, auf einem 330 m hohen Felsen. Nach einem etwa halbstündigen Aufstieg erwartet Sie ein tolles Panorama.

Zurück über Krini und Lakones geht es dann hinunter nach **Paleokastritsa** 7 › S. 147. Erfrischen Sie sich im Meer, suchen Sie sich ein Fleckchen am Strand und besuchen Sie das 1225 gegründete, auf einem Felsen gelegene Kloster. Im Innenhof werden Sie als Kontrast zu all dem Trubel rundum eine blumengeschmückte Oase der Stille entdecken.

Unterwegs auf Korfu

Korfu-Stadt (Kerkira) 1 ⭐ [A4]

Korfu bietet Besuchern eine spannende Mischung: Die Hauptstadt (40 000 Einw.) verdankt ihren italienischen Charme den Dogen von Venedig. Die Venezianer, 1386 bis 1797 Korfus Herren, errichteten im Jahre 1550 die alte Festung. Als Napoleon dann 1797 die Ionischen Inseln eroberte, zog alsbald französische Raffinesse in die Stadt ein: Die

Karte S. 145

Tour 15 | 16 **Korfu**

Spianada (auch Esplanade genannt) säumen seither hohe Arkadenhäuser im Empirestil. Schattige Cafés und ein Park aus dem 19. Jh. machen den Platz gegenüber der alten Festung anziehend. Zur Zeit des britischen Protektorats entstand am Platz der Palast der Heiligen Georgios und Michael. In dem neoklassizistischen Gebäude befindet sich u. a. das **Museum für Asiatische Kunst** (April–Okt. Di–So 8–20 Uhr, Mo

Touren auf Korfu

Tour ⑮

Rund um den Pantokrator Korfu-Stadt › Agios Markos › Kalami › Kassiopi › Acharavi › Roda › Sidari › Korfu-Stadt

Tour ⑯

Zum Kloster von Paleokastritsa Korfu-Stadt › Lakones › Angelokastro › Paleokastritsa

geschl., Tel. 26 61 03 04 43). Kunstgenießer werden sich im **Byzantinischen Museum** in der Odos Arseniou (Di–So 8.30–15 Uhr, Mo geschl.) an den farbenfrohen Ikonen erfreuen.

Von der Esplanade bis zur Neuen Festung erstreckt sich die **Altstadt**: hier ein Marmorportal, da ein Laubengang, dort ein Kirchturm wie der der prächtigen **Agios-Spiridon-Kirche**.

Info
- im Internet: www.corfu.gr, www.corfuvisit.net
- **Stadtbüro Korfu:** Tel. 26 61 04 80 82

Verkehr
- **Flughafen:** Taxis bringen einen ins Stadtzentrum.
- **Schiffsverbindungen:** Fähren verkehren nach Ancona, Bari, Brindisi, Venedig in Italien sowie nach Igoumenitsa und Patras.
- **Busverbindungen:** Busse zu Stränden und Dörfern fahren vom Busbahnhof in der Avramiou-Straße ab; Pläne beim Busbahnhof und auf der Internetseite www.greenbuses.gr.

Hotel
Cavalieri €€€
Venezianisches Palais in Toplage. Dachgarten mit fantastischer Aussicht.
- Kapodistriou 4 | Korfu-Stadt
  Tel. 26 61 03 90 41
  www.cavalieri-hotel.com

Konstantinoupolis €€
Charmantes Hotel am alten Hafen.
- K. Zavitsianou 11 | Korfu-Stadt
  Tel. 26 61 04 87 16
  www.konstantinoupolis.gr

Restaurants
Aegli €€
❗ Direkt an der Esplanade genießt man korfiotische Spezialitäten.
- Kapodistriou 23 | Korfu-Stadt
  Tel. 26 61 03 19 49

Rex €€
Der Klassiker unter den Stadtrestaurants. Gute Küche, leckere Aufläufe.
- Kapodistriou 66 | Korfu-Stadt
  Tel. 26 61 03 96 49
  www.rexrestaurant.gr

Ausflug nach Pelekas [2] [A4]

Brechen Sie für einen romantischen Abend erst am Nachmittag auf, dann erleben Sie bei Pelekas (13 km ab Korfu-Stadt) den Sonnenuntergang. Oberhalb des Dorfes befindet sich der Aussichtspunkt »Kaiserthron«, wo schon Wilhelm II. zum Sonnenuntergang gern verweilte.

Achilleion [3] ⭐ [A4]

Nur 9 km von Korfu-Stadt entfernt liegt oberhalb von Gastouri das Achilleion. Die weitläufige Villa mit dem grünen Park wurde 1890/91 für die österreichische Kaiserin Elisabeth errichtet und nach ihrem Lieblingshelden aus der griechischen Mythologie benannt, Achill. Später übernahm sie Kaiser Wilhelm II. In den Sälen sieht man Geschirr, Möbel und Bilder von Sisi und Kaiser Wilhelm, im Park Statuen (tgl. 8–20 Uhr, Tel. 26 61 05 62 10, www.achilion-corfu.gr).

Karte S. 145

Sidari, Kassiopi, Agios Georgios, Paleokastritsa **Korfu**

Statuen der neun Musen säumen die obere Gartenterrasse im Achilleion

Sidari 4 [A4] und die Nordküste

Eine gute Gegend für Familienurlaub, denn das Meer ist recht flach. Zwischen Sidari und Kassiopi liegen lange Strände und Urlaubsorte wie **Roda** und **Acharavi**. Vom **Canal d'Amour** bei **Sidari** heißt es, dass die Frau, die ihn durchschwimmt, ihren Traumpartner heiraten wird.

Hotel
Acharavi Beach Hotel €€
Hübsches Hotel am Strand, mit Tennisplatz und Pool.
• Acharavi | Tel. 26 63 06 31 02
  www.acharavibeach.com

Kassiopi 5 [A4]

Das Dorf liegt an einer Kesselbucht im Nordwesten. Im Wasser dümpeln Boote, über dem Hafen erheben sich die Mauern eines Kastells und in den Buchten ringsum kann man baden.

Agios Georgios 6 [A4]

In der weit geschwungenen Bucht ist der Strand die Attraktion. Eine Reihe von Pensionen, Hotels und Tavernen sind dahinter entstanden: Agios Georgios ist ein idealer Urlaubsort, um abseits der großen Touristenzentren zu relaxen (Tipps und Hotels: www.corfelios.de).

Paleokastritsa 7 [A4]

Drei Felsbuchten mit kleinen Stränden machen den landschaftlichen Reiz von Paleokastritsa aus. Einige Strände in der Umgebung sind nur per Taxiboot erreichbar. Auf einem Felsen am Ende des lang gezogenen Orts liegt das **Kloster Panagia Theotokos** samt malerischem Innenhof und Museum, eine Oase der Ruhe. Über dem Meer thront 5 km weiter die Burg von **Angelokastro**. Nach einem kurzen Fußweg (ca. 15 Min.) haben Sie von dort einen ! fantastischen Blick bis Korfu-Stadt.

EXTRA-TOUREN

Klassisches Griechenland für Genießer in drei Wochen

Route: Athen › Nafplio › Mykene › Epidavros › Olympia › Loutra Killinis › Delphi › Meteora › Vergina › Pella › Thessaloniki › Korinos › Athen

Karte: Klappe hinten

Distanzen: Athen › Nafplio 3 Std. per Auto; Nafplio › Olympia 3 Std.; Olympia › Loutra Killinis 1 Std.; Loutra Killinis › Delphi 3 Std.; Delphi › Meteora 4 Std.; Meteora › Vergina 4 Std.; Vergina › Thessaloniki 2 Std.; Thessaloniki › Korinos 1 Std.; Korinos › Athen 6 Std.

Verkehrsmittel: Für die Rundreise empfiehlt sich ein Auto. In Athen und Thessaloniki ist man zu Fuß und mit U-Bahn besser unterwegs, man reserviert den Mietwagen also besser erst ab der Abreise von Athen. Zwischen den Städten der Tour verkehren auch Busse der griechischen Verkehrsbetriebe KTEL › S. 26.

Ein Bummel durch die Plaka, **Athens Altstadt** › S. 56, ist der gelungene Auftakt zur großen Griechenland-Rundreise. Erkunden Sie am Morgen den **Akropolishügel** › S. 54 und flanieren Sie über die **Griechische Agora** › S. 53, wo mit dem Theseion einer der besterhaltenen Tempel des Landes steht. Im **Archäologischen Nationalmuseum** › S. 58 können Sie am dritten Reisetag den Goldschatz von Mykene bestaunen.

Auf der Fahrt nach **Korinth** › S. 105 überqueren Sie den Kanal, der den Peloponnes vom Festland trennt. Sie erreichen **Nafplio** › S. 109, eine der hübschesten Städte Griechenlands und Ihr Standort für die nächsten fünf Tage, um die großartigen archäologischen Stätten von Mykene und Epidavros zu besichtigen. Steigen Sie am nächsten Morgen die 1000 Stufen zur Festung **Palamidi** hinauf, der Blick schweift von dort oben über die Stadt und das vorgelagerte Inselchen Bourdzi. Nachmittags bummeln Sie durch die Gassen oder besuchen das originelle Komboloi-Museum.

Das Löwentor von **Mykene** › S. 106 bildet die eindrucksvolle Pforte zur Palastanlage der mykenischen Könige, wo Sie leicht den Vormittag verbringen können. Ein weiterer Tag steht ganz im Zeichen der Ausgrabungen von **Epidavros** › S. 108. Nach so viel Kultur kommt ein Badetag recht, z. B. am Strand des neben Nafplio gelegenen Badeorts **Tolo** › S. 111.

Dann geht es durch die Bergdörfer Arkadiens, Ziel ist **Olympia** › S. 101, wo 776 v. Chr. die ersten Olympischen Spiele stattfanden. Nach zwei Übernachtungen in Olympia können Sie am Strand von **Loutra Killinis** › S. 100 Sonne tanken und in einer der Pensionen übernachten.

Die schönsten Begegnungen hat man meist abseits der quirligen Urlaubsorte

Extra-Touren Tour 17: Klassisches Griechenland

Der weiße Turm ist ein imposanter Überrest der Stadtmauer von Thessaloniki

Über die spektakuläre Hängebrücke zwischen Rio und Andirio verlassen Sie den Peloponnes und gelangen entlang dem Golf von Korinth nach **Delphi** › S. 62, zum Mittelpunkt der antiken Welt.

Die Fahrt durch die thessalische Tiefebene führt Sie zu den Klöstern von **Meteora** › S. 91. Still ruhen sie auf jäh abfallenden Felsen. Ihr Weg führt dann weiter nach **Vergina** › S. 81, wo das Grabmal Philipps II. in einem Hügel entdeckt wurde. Sein Sohn Alexander der Große wurde wohl in **Pella** › S. 81 geboren, wo fantastische Mosaike Sie am folgenden Tag erwarten.

Von Pella aus geht es nach **Thessaloniki** › S. 82. Sie beginnen Ihren zweitägigen Aufenthalt mit einem Spaziergang zur Platia Aristotelous, wo man auch prima den Abend verbringen kann. Am nächsten Tag warten Kirchen, Museen sowie das Museum für Byzantinische Kultur auf Sie. Die Stadt bietet gute Shoppingmöglichkeiten.

Gemächlich gelangen Sie am nächsten Tag nach **Korinos** › S. 88, an dessen langen Sandstränden Sie sich noch zwei Badetage gönnen, bevor der Abschied naht. Die Rückfahrt nach Athen über die Schnellstraße zieht sich, aber danach können Sie bei einem Ouzo in der Plaka die vielen Eindrücke Revue passieren lassen. Nach einer letzten Nacht in Athen geht es zum Flughafen.

Zehn Tage Inselglück

Route: Kreta › Santorin › Mikonos › Paros

Karte: Klappe hinten
Distanzen: Kreta › Santorin 2 Std. per Fähre; **Santorin › Mikonos** 3 Std.; **Mikonos › Paros** 1 Std.
Verkehrsmittel: Die Fahrpläne der Highspeeds, Katamarane und Fähren ändern sich oft kurzfristig. Erkundigen Sie sich nach den aktuellen Zeiten (www.gtp.gr). Verspätungen sind durch das Wetter oder lange Ladezeiten immer möglich. Es empfiehlt sich dann, im Hafen auf das Eintreffen der gewünschten Fähre oder des Highspeeds zu warten.
Auf den Inseln verkehren Busse zu Stränden und Sehenswürdigkeiten.

Tour 18: Zehn Tage Inselglück **Extra-Touren**

Bildschön ist der Hafen von Naoussa auf der Insel Paros

Nach Ihrer Ankunft auf **Kreta** › S. 128 fahren Sie in die lebhafte Hauptstadt **Iraklion** › S. 134, wo Sie dreimal übernachten werden. Im **Archäologischen Museum** warten einzigartige Zeugnisse minoischer Kunstfertigkeit. Dort können Sie sich bereits auf den nächsten Vormittag in **Knossos** › S. 135 einstimmen, der geheimnisvollen Palastanlage der minoischen Könige. Trotz der von Sir Arthur Evans veranlassten, umstrittenen Rekonstruktionen ist Knossos eine der bedeutendsten archäologischen Stätten im Mittelmeerraum. Der Nachmittag bietet sich zum Bummel durch die Stadt an. Wenn Sie am nächsten Morgen früh nach **Agios Nikolaos** › S. 135 aufbrechen, liegt die Nordküste Kretas vielleicht noch im zarten Dunst vor Ihnen. Das von mehreren guten Stränden umgebene Städtchen liegt malerisch in der Bucht von Mirabello, an seinem ehemaligen Süßwassersee mit Durchstich zum Meer locken Cafés und Tavernen.

Am vierten Tag besteigen Sie die Fähre und freuen sich auf die spektakulärste Hafeneinfahrt Europas – mitten in den Krater von **Santorin** › S. 122. Dort werden Sie zweimal übernachten. Streifen Sie in **Thira**, der Inselhauptstadt am Kraterrand, in den Gassen umher, trinken Sie in den Cafés mit Blick auf die Caldera einen griechischen Eiskaffee. Und lassen Sie sich auf keinen Fall **Ia** entgehen, die ehemalige Kapitänssiedlung. Beim Schiffsanleger des winzigen Hafens kann man von der Mole aus ins Wasser springen, in den Tavernen dahinter frischen Fisch essen. Die wahre Attraktion kommt am Abend, wenn die Sonne spektakulär im Meer versinkt.

Am nächsten Vormittag genießen Sie die Fahrt nach **Mikonos** › S. 120. Freuen Sie sich auf den Nachmittag am Hafen und in den Gassen der Inselhauptstadt, eines weißblauen Kykladentraums. Nachts ist endlos Party angesagt, gerne auch an den Stränden, z. B. am **Paradise Beach.** Wieder ausgeschlafen, schauen Sie sich in Mikonos-Stadt weiter um, die Boutiquen führen ausgeflippte Mode, und das Viertel Klein-Venedig leuchtet im Abendlicht.

Nach zwei Nächten geht es weiter nach **Paros** › S. 117. Nach Ihrer Ankunft haben Sie Gelegenheit zum Bummel durch **Parikia,** die kleine Inselhauptstadt, bevor es am nächsten Tag über die kleinen Sträßchen der Marmorinsel zum postkartenschönen Fischerhafen von **Naoussa** geht. In der Frühe sitzen dort Fischer, abends herrscht ein mondänes Flair, die Tavernen sind schick und teuer. Aber für den letzten Abend vor der Heimreise darf es ja auch etwas Besonderes sein.

Infos von A–Z

Ärztliche Versorgung
Arzt heißt auf Griechisch *iatros*, Zahnarzt *odontiatros*. Viele Mediziner sprechen Deutsch oder Englisch. In größeren Orten gibt es staatliche Ambulanzstationen (»Health Center«). Die Behandlung dort ist, wenn medizinisch notwendig, gegen Vorlage der Europäischen Krankenversicherungskarte EHIC kostenfrei. Nicht alle Praxen akzeptieren die Karte allerdings. Dann müssen Sie die Arztkosten direkt zahlen. Lassen Sie sich für die Rückerstattung der Kosten vom griechischen Arzt eine Quittung mit Diagnose und Behandlungsart ausstellen. Empfehlenswert ist eine private Reisekrankenversicherung, die ggf. auch einen Rücktransport einschließt.

Barrierefreies Reisen
Rollstuhlfahrer haben es in Griechenland nicht leicht, auch wenn etliche Hotels behindertengerechte Zimmer anbieten. Viele Ausgrabungsstätten und Museen sind bislang nur schwer zugänglich.

Diplomatische Vertretungen
- **Deutschland:** Karaoli & Dimitriou 3
  10675 Athen/Kolonaki
  Tel. 21 07 28 51 11
  Fax 21 07 28 53 35
  www.athen.diplo.de
- **Österreich:** Vass. Sofias 4
  10674 Athen, Tel. 21 07 25 72 70
  Fax 21 07 25 72 92
  athen-ob@bmeia.gv.at
- **Schweiz:** Iassiou 2, 11521 Athen
  Tel. 21 07 23 03 64
  Fax 21 07 24 92 09
  helpline@eda.admin.ch

Einreisepapiere
Für Deutsche, Schweizer und Österreicher genügt der Personalausweis.

Feiertage › S. 43

FKK
»Oben ohne« und Nacktbaden sind, außer an ausgewiesenen Stränden, verboten und gelten als anstößig.

Geld
In Griechenland gilt der Euro. Cents heißen *lepta*. Geld oder Reiseschecks tauschen Banken (auch in Flughäfen) und die Post. Geldautomaten gibt es in allen größeren Orten. Mit Kreditkarten (Visa und Mastercard) kann man in größeren Supermärkten, in fast allen Geschäften und auch an Tankstellen bezahlen.

Haustiere
Hunde und Katzen müssen mit einem Mikrochip markiert sein und benötigen einen EU-Heimtierausweis, den jede Tierarztpraxis ausstellt. Das Dokument muss den Nachweis einer gültigen Tollwutimpfung enthalten. In Hotels sind Hunde selten gern gesehene Gäste und an Stränden verboten.

Information
Griechische Zentrale für Fremdenverkehr (EOT oder GNTO)
- **im Internet:** www.visitgreece.gr
- **Deutschland:**
  Holzgraben 31, 60313 Frankfurt, Tel. 069/257 82 70,
  info@visitgreece.com.de
- **Österreich:**
  Opernring 8, 1015 Wien,
  Tel. 01/512 53 17

Weitere Informationen
- **zu Sehenswürdigkeiten:** http://odysseus.culture.gr
- **zu Fähren und Fahrplänen, Hotels** www.gtp.gr

Infos von A–Z

- die **Griechenland Zeitung** bietet News, Tipps und einen Shop unter www.griechenland.net
- In größeren Orten gibt es **Informationsbüros** und die **Touristenpolizei**, die oft im Polizeirevier untergebracht ist.

Kleidung

Steinige Wege erfordern feste Schuhe. Wegen der Seeigel sollte man Badeschuhe oder Plastiksandalen tragen. In Shorts, kurzen Röcken oder schulterfreien Hemden und T-Shirts gibt es keinen Einlass in Klöster und Kirchen!

Netzspannung

Normalerweise 220 Volt Wechselstrom, ein Adapter ist nicht nötig.

Notruf

- **Polizei:** Tel. 100
- **Erste Hilfe:** Tel. 166
- **Englischsprachiger Notruf:** Tel. 112
- **Feuerwehr:** Tel. 199
- **Touristenpolizei-Zentrale:** Tel. 171 (24 Std. erreichbar)
- **Pannenhilfe ELPA:** Tel. 104 00

Öffnungszeiten

- **Geschäfte** in der Regel Mo–Sa 9–14.30, 17.30–21 Uhr
- **Banken und Post:** Mo–Fr 8–14 Uhr
- **Museen und Sehenswürdigkeiten:** Die Zeiten variieren und wechseln oft, im Sommer in der Regel tgl. 8–20 Uhr, sonst bis 15 Uhr (Mo und feiertags manchmal geschl.); Infos unter http://odysseus.culture.gr.

Sicherheit

Die Kriminalitätsrate ist relativ niedrig. Allerdings: In Athen ist erhöhte Wachsamkeit geboten. In der Metro kommt es täglich zu Taschendiebstählen. Gestohlene Gegenstände können bei der Touristenpolizei gemeldet werden.

Telefon/Internet

Die Telefongesellschaft OTE unterhält in größeren Orten Büros. Außerdem gibt es Kartentelefone (Karten, *tilekarta,* am Kiosk und in Läden erhältlich). Billiger wird das Telefonieren nach 22 Uhr und am Wochenende.

In der Regel wählt sich Ihr Handy automatisch in die Partnernetze (Vodafone, Cosmote, WIND, Q-Telecom) ein.

In allen Städten und Ferienorten gibt es Internetcafés, in denen man seine E-Mails abrufen kann.

Übrigens: Telefonnummern ändern sich oft (Auskunft: 118 88). Es gibt keine Vorwahlen mehr; zu wählen ist immer die zehnstellige Telefonnummer. Festnetznummern haben als erste Ziffer die 2. Handynummern beginnen mit der Ziffer 6. Infos zum Mobiltelefonieren: www.teltarif.de/roaming/griechenland.

Internationale Vorwahlen: Deutschland 00 49, Österreich 00 43, Schweiz 00 41, Griechenland 00 30.

Toiletten

Toilettenpapier wirft man nie in das WC, sondern in den Eimer daneben.

Zeit

In Griechenland gilt die Osteuropäische Zeit (MEZ + 1 Std.). Die Sommerzeit beginnt und endet zu denselben Tagen wie in Deutschland.

Urlaubskasse	
Tasse Kaffee	2–3 €
Softdrink	1,50–2,50 €
Glas Bier 0,5 l	2,50–3,50 €
Gyros	3 €
Eis am Stil	2 €
Taxifahrt	ab 3 €
dann pro km	0,70 €
Mietwagen pro Tag	ab 25 €

Register

Achaia Clauss 100
Ägäische Inseln 22, **114**
Agia Triada, Kloster 92
Ägina 69
- Agia Marina 70
- Agios Nektarios 70
- Aphaiatempel 69

Agios Georgios 147
Agios Konstantinos 127
Agios Nikolaos 135
Agios Nikolaos Anapafsas, Kloster 92
Akrokorinth 106
Aktivitäten 27
Alexander der Große **36**, 150
Ali Pascha 77
Alt-Korinth 105
Alt-Thera 123
Ambelakia 91
Andronikos, Manolis 81
Andros 40, **61**
Angelokastro 84, **147**
Angelopoulos, Theo 43
Anreise 24
Antiparos 119
Äolier 39
Arachova 64
Araxos 38
Arkadien 103
Arkadi, Kloster 133
Athen 13, 14, 16, 22, 52, **53**
- Akropolis 54
- Akropolismuseum 56
- Archäologisches Nationalmuseum 30, 40, **58**
- Benaki Museum 40
- Erechtheion 56
- Griechische Agora 30, **53**
- Hadriansbibliothek 53
- Kerameikos 56
- Kolonaki 57
- Likavitos 58
- Monastiraki 53
- Panathenäisches Stadion 57
- Parthenon 56
- Plaka 45, **56**
- Römische Agora 54
- Sintagma 57
- Theseion 53
Athos 15, **87**

Basilika Agios Dimitrios 83

Chalkidiki 73, **86**
- Athos 87
- Kalamitsi 87
- Kassandra 73, **86**
- Olimbiada 87
- Ormos Panagias 87
- Ouranoupoli 87
- Parthenonas 87
- Petralona 86
- Porto Koufos 87
- Sithonia 73
Chania 13, **132**
Chios 16, **125**

Dafni 61
Delos 122
Delphi 31, **62**
Diadochen 36
Diakofto 66
Dimitsana 104
Dion 30, **91**
Dodoni 78
Dorer 39

Edessa 86
Elytis, Odysseas 41
Embonas 141
Epidavros 14, **108**
Essen & Trinken 44

Festkalender 43
Festos 131
Finikoundas 12

Galaxidi 15, **62**
Gavras, Constantin 41
Geopark 125
Georgioupolis 29
Germanos 66
Githio 14, 27, **112**
Golf von Korinth 14

Halkidiki 86

Ia 122
Idra 71
Ioannina 77
Ionier 39
Iraklion 16, 17, 52, **134**
- Archäologisches Museum 40

Kakojannis, Michalis 41
Kalambaka 92
Kalamitsi 87
Kalavrita 66, **105**
Kamari 123
Kanal von Korinth 105
Karlovassi 127
Kassandra 73, **86**
Kastoria 80
Kastraki 92
Kato Zakros 135
Kazantzakis, Nikos 41
Kerkira 144
Killini 100
Kinder 29
Klima 23
Klöster
- Agia Triada 92
- Agios Nikolaos Anapafsas 92

Register

- Arkadi 133
- Megalo Meteoro 92
- Meteora 91
- Moni Toplou 135
- Nea Moni 126
- Panagia Theotokos 147

Knossos 30, 132, **135**
Kokkari 127
Kolimbithres 117
Komboloi-Museum 109
Konitsa 79
Korfu 12, 13, 14, 15, 16, 23, 45, **142**
- Achillion 146
- Agios Georgios 147
- Angelokastro 28
- Kassiopi 147
- Korfu-Stadt 144
- Paleokastritsa 147
- Pelekas 146
- Sidari 147

Korinos 29, **88**
Korinth 28, **105**
Kotichi 38
Kreta 12, 15, 16, 23, **128**
- Agios Nikolaos 135
- Chania 132
- Elounda 31
- Iraklio 134
- Kato Zakros 135
- Knossos 135
- Preveli 133
- Rethimno 132
- Samaria-Schlucht 132
- Vaï 135

Kunst 38
Kykladen 115

Lagadia 104
Lefkes 117
Lesbos 14, **124**
- Mitilini 125
- Molivos 125
- Sigri 125

Lindos 141
Liotopi 87

Litohoro **89**, 91
Loutra Killinis 29, **100**

Makedonien 73
Makrinitsa 67
Mani 31, **113**
Markaris, Petros 41
Mavrovouni 113
Meeresnationalpark Nördliche Sporaden 68
Megalo Meteoro, Kloster **92**
Meteora 31
Meteora-Klöster **91**
Mikonos 15, **120**
- Kalafati Beach 121
- Mikonos-Stadt 120
- Paradise Beach 121
- Plati Gialo 121
- Psarou-Strand 121

Milies 65
Milopotamos 52
Miltiades 36
Minoer 36, 38
Mistras 12, 30, 31, **111**
Mitilini 125
Molivos 125
Monemvasia 28, **112**
Moni Toplou, Kloster 135
Monolithos 140
Mykene 106
Mytikas 91

Nafpaktos 61
Nafplio 13, 14, 52, **109**
Naoussa 117
Nationalpark Vikos-Aoos 79
Natur 37
Naxos 15, **119**
- Naxos-Stadt 119
- Palatia 119
- Portara 119
- Tragea-Ebene 120

Nea Moni, Kloster 126
Nestos 13

Nordgriechenland 22, **72**

Oïa 122
Olimbiada 87
Olymp 12, 89, **91**
Olympia 12, 84, **101**
Orestiada-See 81
Osios Loukas 64
Otto von Bayern 37
Oxia 79

Palea Epidavros 108
Paleochora 69
Paleokastritsa 147
Panagia Theotokos, Kloster 147
Panorama 31
Papandreou, Georgios 37
Papingo 79
Paros 117
- Kolimbithres 117
- Lefkes 117
- Naoussa 117
- Parikia 117
- Pisso Livadi 118
- Profitis Ilias 117

Parthenonas 87
Patras 15, **99**
Pavlopoulos, Prokopis 34
Pelekas 146
Pella 30, 73, **81**
Peloponnes 22, **93**
- Achaia Clauss 100
- Akrokorinth 106
- Alt-Korinth 105
- Areopoli 113
- Dimitsana 104
- Epidavros 108
- Githio 112
- Kalavrita 105
- Kanal von Korinth 105
- Kap Tenaro 113
- Killini 100
- Lagadia 104
- Loutra Killinis 100
- Mani 113
- Mavrovouni 113

155

Register

- Mistras 111
- Monemvasia 112
- Mykene 106
- Nafplio 109
- Olympia 101
- Palea Epidavros 108
- Patras 99
- Pirgos Dirou 113
- Tolo 111
- Vathia 113
- Vitina 104

Perama 78
Petra 125
Petralona 86
Phaistos 131
Philipp II. 36, 81, 150
Pilion 31, **64**
Piräus 42, **58**
Pirgos Dirou 113
Pithagorio 127
Platamonas 29
Politik 34
Polyklet 39
Poros 70
Porto Koufos 87
Preveli 133
Prionia 89

Radfahren 27
Religion 35
Rethimno 15, 28, 29, **132**
Rhodos 16, 23, 30, **136**
- Archangelos 138
- Kalithea 138
- Kamiros 138
- Kamiros Skala 140
- Lindos 28, **141**
- Rhodos-Stadt 140
- Schmetterlingstal 141

- Tsambika-Bucht 138, **141**

Ritsos, Jannis 41
Römische Agora 83

Samaria-Schlucht 132
Samos 127
- Karlovassi 127
- Kokkari 126, **127**
- Pithagorio 127
- Samos-Stadt 127
- Vathi 127

Sani 29, 31
Santorin 14, 31, **122**
- Akrotiri 123
- Ia 122
- Kamari 123
- Nea Kameni 124
- Palea Kameni 124
- Thira 122

Schliemann, Heinrich 107
Schlucht des Aoos 80
Schmetterlingstal 141
Seferis, Giorgos 41
Sidari 147
Sigri 125
Sithonia 52, 73, **87**
Skiathos 28, **67**
- Gialos Achladias 68
- Kastro 68
- Koukounaries 67
- Lalaria-Strand 68
- Skiathos-Stadt 67

Sport 27
Sprache 35
Syriza 37

Thalames 113
Theodorakis, Mikis 41

Thessaloniki 15, 16, 52, **82**, 84
- Agia Sofia 82
- Archäologisches Museum 84
- Galeriusbogen 82
- Ladadika-Viertel 84
- Museum für Byzantinische Kultur 40, **85**
- Oberstadt 85
- Panagia Chalkeon 83
- Platia Aristotelous 45, **84**
- Rotunda 83
- Vlatadon-Kloster 85
- Weißer Turm 82

Thira 122
Tolo 111
Tsambika-Bucht 141
Tsipras, Alexis 34

Umwelt 37
Unterkunft 31

Vaï 135
Vathia 113
Vergina 30, 40, **81**
Vikos-Aoos-Nationalpark 79
Vikos-Schlucht 79
Vitina 104
Volos 64

Wandern 27
Wassersport 27
Wirtschaft 35

Zagoria 78

Impressum

Bildnachweis

Coverfoto Oia Village auf Santorin © Huber Images/Luigi Vaccarella
Fotos Umschlagrückseite © Huber Images/Johanna Huber (links), Fotolia/Synfer (Mitte); Fotolia/Y. Papadimitriou (rechts)

APA Publications/Phil Wood: 82; AWL Images/Michele Falzone: 32; Crispin/Christoffel-Crispin: 8 o, 9 o, 9 u, 10; Fotolia/Birger Kühnel: 133; Fotolia/DeVIce: U2-4; Greek National Tourism Organisation GNTO: 78; Huber Images/Johanna Huber: 6; Huber Images/Olimpio Fantuz: 72; Huber Images/Orient: 116; Huber Images/Reinhard Schmid: 48; iStock/Brianna May: 39; laif/ Hemispheres: 119; laif/Gregor Lengler: U2-3; laif/Joerg Modrow: 29; laif/Samuel Zuder:42 ; LOOK-foto/age fotostock: 89, 137; LOOK-foto/Hauke Dressler: 148; LOOK-foto/Ingolf Pompe: 44; LOOK-foto/Florian Werner: 114; LOOK-foto/Konrad Wothe: 93, 110; mauritius images/Alamy/Art Directors & TRIP: 25; mauritius images/imagebroker/Katja Kreder: 126; mauritius images/Pacific Stock: 68; mauritius images/Andre Pöhlmann: 26; seasons.agency/Jalag/Arthur F. Selbach: 8 u; Shutterstock/Vahan Abrahamyan: 14; Shutterstock/Rostislav Ageev: 17; Shutterstock/Anastasios71: 20, 147, 150; Shutterstock/BlueOrange Studio: 122; Shutterstock/S.Borisov: 57; Shutterstock/Rich Carey: 13; Shutterstock/John Copland: 134; Shutterstock/Nadya Eugene: 30; Shutterstock/f8grapher: 71; Shutterstock/FarkasB: 73; Shutterstock/Alfio Ferlito: 108; Shutterstock/Dieter H: 151; Shutterstock/Ralf Hirsch: U2-2; Shutterstock/Dr. Le Thanh Hung: 46, 101; Shutterstock/Constantinos Iliopoulos: 95; Shutterstock/Panos Karas: 36; Shutterstock/Korpithas: 112, 115; Shutterstock/kostasgr: 16; Shutterstock/Kirichenko: 58; Shutterstock/leoks: 23; Shutterstock/Mikhail Markovskiy: 63; Shutterstock/matzsoca: U2-1; Shutterstock/nunek_54: 128; Shutterstock/Lefteris Papaulakis: 92; Shutterstock/Nikos Psychogios: 49, 80, 86, 98; Shutterstock/PitK: 65; Shutterstock/Tatiana Popova: 69; Shutterstock/Bojan Simovski: 142; Shutterstock/ian woolcock: 136; Shutterstock/yiannisscheidt: 106; stock.adobe.com/costas1962: 104; stock.adobe.com/f8grapher: 103.

Liebe Leserin, lieber Leser,
wir freuen uns, dass Sie sich für diesen POLYGLOTT on tour entschieden haben.
Unsere Autorinnen und Autoren sind für Sie unterwegs und recherchieren sehr gründlich,
damit Sie mit aktuellen und zuverlässigen Informationen auf Reisen gehen können.
Dennoch lassen sich Fehler nie ganz ausschließen. Wir bitten Sie um Verständnis, dass der
Verlag dafür keine Haftung übernehmen kann.

Ihre Meinung ist uns wichtig. Bitte schreiben Sie uns:
GRÄFE UND UNZER VERLAG
Postfach 86 03 66, 81630 München, Tel. 0 89/419 819 41
www.polyglott.de

LESERSERVICE
polyglott@graefe-und-unzer.de
Tel. 0 800/72 37 33 33 (gebührenfrei in D, A, CH), Mo–Do 9–17 Uhr, Fr 9–16 Uhr

3. unveränderte Auflage 2019

© 2018 GRÄFE UND UNZER VERLAG
GmbH, München
Dieses Buch wurde auf chlorfrei gebleichtem
Papier gedruckt.
ISBN 978-3-8464-0319-8

Alle Rechte vorbehalten. Nachdruck, auch
auszugsweise, sowie die Verbreitung durch
Film, Funk, Fernsehen und Internet, durch
fotomechanische Wiedergabe, Tonträger und
Datenverarbeitungssysteme jeglicher Art nur
mit schriftlicher Genehmigung des Verlages.

**Bei Interesse an maßgeschneiderten
B2B-Editionen:**
gabriella.hoffmann@graefe-und-unzer.de

Bei Interesse an Anzeigen:
KV Kommunalverlag GmbH & Co KG
Tel. 089/928 09 60
info@kommunal-verlag.de

Redaktionsleitung: Grit Müller
Verlagsredaktion: Anne-Katrin Scheiter
Autoren: Claudia Christoffel-Crispin und Gerhard Crispin
Redaktion: Elke Sagenschneider
Bildredaktion: Barbara Schmid und Dr. Nafsika Mylona
Mini-Dolmetscher: Langenscheidt
Layoutkonzept/Titeldesign:
fpm factor product münchen
Karten und Pläne: Sybille Rachfall und Kunth Verlag GmbH & Co. KG
Satz: uteweber-grafikdesign
Herstellung: Anna Bäumner
Druck und Bindung:
Printer Trento, Italien

PEFC/18-31-506

Ein Unternehmen der
GANSKE VERLAGSGRUPPE

Mini-Dolmetscher Griechisch

Allgemeines

Guten Morgen.	Καλημέρα. [kali**me**ra]
Guten Tag.	Χαίρετε. [**che**rete]
Guten Abend.	Καλησπέρα. [kali**spe**ra]
Hallo! (du)	Γειά σου! [ja‿βu]
Hallo! (Siezen und Plural)	Γειά σας! [ja‿βas]
Wie geht es dir?	Τι κάνεις; [ti **ka**nis]
Wie geht es Ihnen / euch?	Τι κάνετε; [ti **ka**nete]
Danke, gut.	Καλά ευχαριστώ. [ka**la** efcha**ri**sto]
Ich heiße ...	Λέγομαι ... [**le**gome]
Auf Wiedersehen.	Αντίο. [an**di**o]
Morgen	πρωί [pro·**i**]
Nachmittag	απόγευμα [apo**jew**ma]
Abend	βράδυ [**wra**ði]
Nacht	νύχτα [**nich**ta]
morgen	αύριο [**aw**rio]
heute	σήμερα [**ßi**mera]
gestern	χτες [chtes]
Sprechen Sie Deutsch / Englisch?	Μιλάτε γερμανικά / αγγλικά; [mi**la**te jerma**ni**ka / angli**ka**]
Wie bitte?	Ορίστε; [o**ri**ste]
Ich verstehe nicht.	Δεν καταλαβαίνω. [ðen katala**we**no]
Sagen Sie es bitte nochmals.	Ξαναπείτε το, παρακαλώ. [ksana**pi**te to paraka**lo**]
..., bitte	..., παρακαλώ [paraka**lo**]
danke	ευχαριστώ [efcha**ri**sto]
Keine Ursache.	Τίποτε. [**ti**pote]
was / wer	τι / ποιος [ti / pjos]
wo / wohin	πού [pu]
wie / wie viel	πως / πόσο [pos / **po**βo]
wann / wie lange	πότε / πόση ώρα [**po**te / po**ßi** ora]
Wie heißt das?	Πως λέγεται αυτό; [pos **le**jete af**to**]
Wo ist ...?	Πού είναι ...; [pu **i**ne]
Können Sie mir helfen?	Μπορείτε να με βοηθήσετε; [bo**ri**te na me wo·i**θi**ßete]
ja	ναι [ne]
nein	όχι [**o**chi]
Entschuldigen Sie.	Με συγχωρείτε. [me ßingcho**ri**te]
Das macht nichts.	Δεν πειράζει. [ðen pi**ra**si]
Gibt es hier eine Touristen-information?	Υπάρχει τουριστικό γραφείο εδώ; [i**par**chi turisti**ko** gra**fi**o e**ðo**]
Haben Sie einen Stadtplan?	Έχετε ένα χάρτη της πόλης [**e**chete **e**na **char**ti tis **po**lis]

Shopping

Wo gibt es ...?	Πού έχει ...; [pu **e**chi]
Wie viel kostet das?	Πόσο κοστίζει αυτό; [**poo** ko**sti**si af**to**]
Wo ist eine Bank?	Πού υπάρχει μια τράπεζα; [pu i**par**chi **mia tra**pesa]
Geben Sie mir bitte 100 g (Feta-)Käse.	Παρακαλώ δώστε μου εκατό γραμμάρια τυρί (φέτα). [paraka**lo do**ste mu eka**to** gra**ma**ria ti**ri** (**fe**ta)]
Haben Sie deutsche Zeitungen?	Έχετε γερμανικές εφημερίδες; [**e**chete jerma**ni**kes efime**ri**ðes]
Wo kann ich telefonieren / eine Telefonkarte kaufen?	Πού μπορώ να τηλεφωνήσω / να αγοράσω τηλεκάρτα; [pu bo**ro** na tilefo**ni**βo / na ago**ra**βo tile**kar**ta]

Essen und Trinken

Die Speisekarte, bitte.	Τον κατάλογο, παρακαλώ. [ton ka**ta**logo paraka**lo**]
Was gibt es zu essen?	Τι φαγητά υπάρχουν; [ti fají**ta** i**par**chun]
Brot	ψωμί [pso**mi**]
Kaffee	καφές [ka**fes**]
Tee	τσάι [**tsa**·i]
mit Milch / Zucker	με γάλα / ζάχαρη [me **ga**la / **sa**chari]
Orangensaft	χυμός πορτοκάλι [**chi**mos / porto**ka**li]
Einen (griechischen) Kaffee, bitte.	Έναν (ελληνικό) καφέ παρακαλώ. [**enan** (elini**ko**) ka**fe** paraka**lo**]
Suppe	σούπα [**ßu**pa]
Fisch	ψάρι [**psa**ri]
Meeresfrüchte	θαλασσινά [θala**ßi**na]
Fleisch	κρέας [**kre**as]
Geflügel	πουλερικά [puleri**ka**]
Beilagen	γαρνιτούρα [garni**tu**ra]
vegetarische Gerichte	χορτοφαγικά πιάτα [chortofají**ka pja**ta]
Eier	αυγά [aw**ga**]
Salat	σαλάτα [ßa**la**ta]
Dessert	επιδόρπιο [epi**ðor**pio]
Obst	φρούτα [**fru**ta]
Eis	παγωτό [pago**to**]
Wein	κρασί [kra**ßi**]
Bier	μπύρα [**bi**ra]
Wasser	νερό [ne**ro**]
Mineralwasser	μεταλλικό νερό [metali**ko** ne**ro**]
Limonade	πορτοκαλάδα [portoka**la**da]

Meine Entdeckungen

Clevere Kombination mit POLYGLOTT Stickern
Einfach Ihre eigenen Entdeckungen mit Stickern von 1–16 in der Karte markieren und hier eintragen. Teilen Sie Ihre Entdeckungen auf facebook.com/Polyglottreisewelt.

Checkliste Griechenland

Nur da gewesen oder schon entdeckt?

☐ **Vulkan bei Sonnenuntergang**
Wenn bei Santorin die Sonne langsam im Meer versinkt, füllen sich die Logenplätze am Kraterrand – unvergesslich! › S. 14

☐ **Schätze der Minoer**
Das Archäologische Museum von Iraklion macht bekannt mit der einzigartigen Hochkultur der Minoer. › S. 134

☐ **Akropolis mit Stil**
Über einen Glasboden gelangen Sie in das moderne Akropolismuseum von Athen, das mit seinen antiken Schätzen – und der Aussicht von der Caféterrasse – fasziniert. › S. 56

☐ **Maskottchen Petros**
Er ist der heimliche Star von Mikonos: der Pelikan Petros, der Besucher von nah und fern zu begeistern versteht. › S. 15

☐ **Byzantinische Abendstimmung**
Am Nachmittag wird das Licht über Mistras weich und die Ruinenstadt stiller. Der richtige Zeitpunkt für den Aufstieg mit anschließendem Picknick. › S. 12

☐ **Vogelperspektive**
Wie Spielzeughäuschen sehen die Gebäude der malerischen Unterstadt vom Felsplateau in Monemvasia aus. › S. 113

☐ **Strandparadies**
Von Pinien gesäumt, zählt der Sandstrand Koukounaries auf Skiathos zu den schönsten Griechenlands. › S. 68

Mitbringsel für daheim

Thymian-Honig: In hübschen Gläsern im Bienenmuseum auf Rhodos erhältlich. › S. 16

Briki: Die Kaffeekännchen kauft man in Iraklions Marktgasse Odos 1866. › S. 16